U0070908

做人不如做狗

柴犬阿張教我的
44堂人生課

朱維達　著

推薦序／
用全身說話的小小智者

　　我跟朱維達先生素未謀面，他透過友人王喜（香港演員）邀請我為他的新作《做人不如做狗》寫序。一般來說，我很少替陌生人寫序。因為，對讀者來說，可能一篇書序，只是一揭即過的寥寥數字，但對寫序人來說，卻是責任重大。

　　還記得余光中先生曾經說過：「為人作序，對我來說就像在婚禮中當證婚人，總要說些吉利的話，這些話寫下來又沒什麼意義，因此我寫序便把它寫成書評，寫序要站在作家那一邊，寫書評則可以客觀些。……我為人寫序，前後往往歷一週之久。先是將書細讀一遍，眉批腳注，幾乎每頁都用紅筆勾塗，也幾乎每篇作品都品定等級。第二遍就只讀重點，並把斑斑紅批歸納成類，從中找出若干特色，例如縈心的主題、擅長的技巧、獨樹的風格、甚至常見的瑕疵等等。兩遍既畢，當就可以動筆了。」

　　每次我替朋友寫序，也想起余光中先生這番說話，因而不敢怠慢，也不敢躲懶。雖然在我執筆之時仍未收到《做人不如做狗》的文稿。但有幸閱讀朱維達先生送來的兩本前作《認真

不如藕筋》、《買樓不如抱妞》，他的字裡行間充滿睿智與幽默，閱讀他的作品確實是人生餘暇中的一大愜事。

　　談到養狗，令我想起奧地利動物學權威勞倫茲的一句説話：「動物都是智者投胎轉世。幾千幾萬年累積的智慧，滿滿裝在比人類小的軀體裡，狗不用言語，牠用全身來説話。」

　　在我成長生涯中，家中也曾經飼養小狗，當時我也想過寫一本關於牠的書，記載我跟牠相處的逸事，但始終沒有下筆成事。所以很期待能拜讀朱維達先生的新作《做人不如做狗》，希望透過他筆下，重拾那份動人的人狗之情。

陳志雲

自序

~~~

　　品性的確難移，一直深信要品性改變，必定要經歷過一場浩劫，或是遇上一個人，對自己說過或做過一些震撼人心的說話或行為，品性才有機會改變。最近，我的品性改變了，但我沒有經歷過浩劫，也沒遇到那個人，我改變了，是因為一隻狗。

　　一位相識逾廿年的女性好友吳伊諾，兩年前開始與一隻叫作阿張的雄性柴犬同居，未幾，她帶同阿張走到寒舍，看見牠第一次見面時已經飛撲向我來個狗抱，還毫不客氣獨自衝入大廳，咬著一個藍色的小鯨魚毛公仔蹲在我的身旁，吳看到此情景，毫不客氣地說要我幫她在周末假期和出差的時候照顧阿張，我來不及說好與否，她已經蹲在阿張面前，雙手不斷捽著牠的狗頭說：「你以後就多一個好歸宿啦！」

　　阿張繼續咬著那個小鯨魚，傻頭傻腦地看著我們。

　　那時的阿張只有前臂般大。

　　兩年了，現在牠飛撲向我身上已經接近招架不住，不過除了體型，牠的性格和喜好與兩年前沒有改變：頑皮、固執，喜歡撩事鬥非，最喜歡狗公園那隻獵腸狗女，不怕一打十，卻最

怕打雷。相對阿張，我因為牠卻改變了很多：我做了晨型人，與陌生人的說話多了，發現自己原來十分喜歡吃醋，從此不再過夜生活，窺探到兩性相處之道的門隙，了解身為男人的有口難言，明白身為女性的無奈接受，甚至在遛狗時看到以前未曾留意過的社會怪現象，這比起每天對著電腦和手機螢幕，所認知的更加「個人化」，就是這種新的認知，改變了我。

　　這種改變不是令我做了聖人般無惡無邪，或是僧人般無慾無求，只是那種狗與人的生活，潛移默化地令我看到更多，感受更多，甚至有一刻覺得，做人不如做狗！請再不要誤會狗比人矮，就是等如狗比人低，相反，如果你養過狗，你一定會認同，社會上確實有些人，不只是狗都不如，就算與狗相提並論，亦有辱狗之意。

　　或者我應該在此多謝這位女性老友，她沒有對我說過或做過一些震撼人心的說話和行為，但她帶來了阿張，為我帶來了改變。感謝她，更加要感謝阿張，希望你感受到我一直對你的關懷和愛護，但願你會覺得不枉此生。

　　……

　　在這裡必須跟大家介紹一下「阿張」這個名字的由來。這個名字不是吳伊諾起的，也不是我想出來的，其實牠的原名叫阿Sean，之所以改了叫阿張，是因為樓下的一位保全阿伯。有一天，我帶著Sean上街……。

　　（為還原現場情境，以下對話以粵語呈現）

阿伯：池生，咁早呀？

我：（你又叫錯我個姓喇！）係呀～

阿伯：嘩！好靚仔喎！佢叫咩名呀？

我：（又唔見你平日咁讚我？）佢叫阿Sean。

阿伯：阿……爽呀？

我：阿Sean……Se~an！

阿伯：呵……阿張！果名好特別喎，阿張你好嗎？

我：……[1]

　　就這樣，我決定將阿Sean改名為阿張，因為感覺上，阿張好像親切一點，接地氣一點，正如阿張的個性一樣，就此我在這裡謝過保全阿伯。

---

[1]　阿伯：朱先生，早安！
　　我：（你又叫錯我的姓啦！）是呀～
　　阿伯：嘩！好帥的狗啊！他叫什麼名字呀？
　　我：（也沒見你平日稱讚我哩？）他叫阿Sean。
　　阿伯：阿……爽呀？
　　我：阿Sean……Se~an！
　　阿伯：呵……阿張！這名字好特別啊，阿張你好嗎？
　　我：……

目次
CONTENTS

PART 3　阿張論愛情

1

阿張與我

我不知道日後在你害怕的時候，我還會否是你的依靠，但希望你會記得今天的氣味，在你徬徨無助的時候，選擇了我（或者是被迫地選擇了我），依偎著我，而我也願意給你一邊的肩膀，一邊安撫著你，在生命河流中成為你其中一塊帶點腳臭味的墊腳石。

01 善良的陌生人

我不會說養狗和愛狗的人全部都是善良之人，
但相信也壞不了多少，如果你想認識陌生人，
可由養狗和愛狗的人開始。

　　我是陽光宅男。雖然不至於經常對著牆壁自言自語，又不會是終日對著手機螢幕便可以自娛滿足那類型，但即使當天沒必要外出，也總會外出，曬曬太陽又好，吹吹風也好，總不能忍受終日屈在家中……其實我跟一隻狗沒什麼分別。

　　不過狗喜歡so so[1]，我卻相反。前者無論是哪一個品種，尤其是一、兩歲的小狗，對外間事物總是充滿好奇，就以一隻擁有成人身軀的小狗阿張來說，我相信除了空氣，牠什麼也會覺得新奇刺激，莫說是帶牠逛街，看見眼前的生物、死物、香物、穢物，也希望過去嗅味一番；我人品差，加上不習慣與陌生人交往，或者這就解釋得到朋友不多的原因，但回想一下，自從有了阿張，我的確跟陌生人談多了。

　　早上七時前必會在碼頭旁看到一隻蠟腸狗與他的四眼主人，不要小看這隻身型只有前臂長的蠟腸狗，主導性極強，經常吠叫，每次見面，四眼主人都一面對我說：「她很兇的，拿

---

[1]　意指擅長交際應酬。

她沒辦法！」一面給牠零食，看得出他口中一樣，心中另一樣，愛狗如命⋯⋯相信他對老婆一樣，口中一套，心中另一套；有一隻多數只會在假期出現的黑柴女，性情溫馴，十分平靜，同樣是柴犬，但與阿張差天共地，羨慕不已，主人May跟我說：「阿張真的好帥呀！」我說：「以太監來說，他的確是滿帥的。」一臉憐憫之情回應；還有陸嬸最寵愛的斑點唐狗渣渣，是她在一個垃圾站發現牠的，至今已經八歲了，與阿張一樣活躍，是我遇過的狗之中，與阿張相處得最好，牠們每次見面都會搖尾示好，就算狗公園內有其他狗，牠倆亦不會理會，眼中就好像只有對方，互相追逐，陸嬸十分疼愛渣渣，也喜歡阿張：「牠們真的很匹配！」我說：「最近阿張愛玩老少配。」陸嬸笑聲震天。我感受到這三位都是愛心爆棚的人。

　　倪匡先生曾說過，相比以前，今日的香港，對陌生人甚有戒心，而且人與人之間的隔閡越來越深。我未經歷過四五十年前的時代，不知道當時人與現代人，在與陌生人相處時的心態分野有多大，但我不相信經常有人說，現今的社會相比以前的社會複雜得多，因為人性由古至今一樣複雜，我只知道任何社會在任何年代都有好人和壞人，如果因那些少數的壞人而對大部分的好人存在戒心，那人性只會停留於猜疑，善性只會不斷萎縮，社會只會一直崩壞下去。

　　我不會說養狗和愛狗的人全部都是善良之人，但相信也壞不了多少，如果你想認識陌生人，可由養狗和愛狗的人開始。

02 希望你不會覺得寂寞

> 我看著眼前的柴犬，牠總會有一段時間站在露臺旁邊，
> 凝神望著窗外，彷彿進入了禪定一樣，
> 我叫牠一聲，牠就只是回眸向我一看，再返頭看牠的世界。

　　每星期也會來宿一宵的柴犬有一個怪癖，就是喜歡「望窗」。

　　我在另一本的散文中曾經寫過一篇關於動物馬戲團和動物園的想法，說過動物可能真的只在乎有食物、有配交，即使怎樣受訓又好，在大鐵籠中生活多久也好，根本沒有所謂開心不開心，但以人類觀賞動物時候所帶來的一時片刻的興奮，來交換牠們餘生的自由，怎樣也說不過去。

　　我看著眼前的柴犬，牠總會有一段時間站在露臺旁邊，凝神望著窗外，彷彿進入了禪定一樣，我叫牠一聲，牠就只是回眸向我一看，再返頭看牠的世界。每次看到牠這個怪癖，我總會感覺到牠很寂寞，繼而思考著養狗是否很自私，嚷著重視動物自由，卻把這頭柴犬困在這裡，自打嘴巴。

　　這時，我在牠的身邊坐了下來，看著牠凝望的方向：遠處是一排排的住宅，住宅後面是翠綠的群山，天空偶然有一對麻鷹盤旋飛過，沒甚麼特別；把視線移近，隔鄰就是掛著相信是大碼的女性內衣和內褲，我看著牠，牠看著我，我說：「你這

小變態！」

　　我不清楚牠是否有偷窺別人衣服在衣架上飄揚的怪癖，抑或其實我誤會了牠，牠其實是望著遠處的一對麻鷹，只有羨慕的份兒。但不得不承認，在家飼養的狗真的會很寂寞，尤其是只有牠獨個兒生活，牠不明白人話，我不明白狗話，兩個真正做到「狗屁不通」，卻住在同一屋簷下。

　　其實只要宏觀一點，所謂「養狗」，表面上好像是善心人做善事，但牠只可以在人類指定的範圍裡生活和走動，由人決定牠與什麼類型的另一半交配，甚至決定是否需要閹割，你平日也會教牠不同的指令，甚至教牠不同的動作，娛己兼娛賓，這統統跟動物園的馴獸師沒甚分別，如果硬要說有，只是在於你可能會教牠hand hand（教導狗狗提起前腿握手的基本動作），而不會像馴獸師般訓練牠跳火圈和騎斑馬而已。

　　我經常想，如果阿張最初不是不幸地被選中移居香港，牠現在的生活是否會好過一點？如果牠仍在日本熊本縣，是否每天也可以跟父母和其他兄弟姊妹玩，而不是跟著我耍孤僻？牠是否每天都可以走上大草地，而不是每天在樓下的石磚地上來來回回嗎？

　　這些我都不知道，所以阿張每次來到的時候，我都希望儘量給牠最好的，最健康的食物，最舒服的床墊，最真心的關懷，就如我知道牠每次出外，到了前往狗公園的轉角處，牠都會好像小孩般扯著繩要我跟著牠去見見牠的朋友一樣，試問現

在還有多少人可以每星期有空與好朋友相聚？我想，這或許可勉強彌補一點牠失去了的自由……我經常這樣安慰自己。

其實我跟阿張一樣，喜歡看窗，雖然沒有牠那種怪癖，我只是希望找一個遠一點的空間，想這想那。現在，我慶幸有牠的陪伴，我才不會感覺寂寞，希望牠也會有這種感覺。

03 潲底 [2]

> 輪到轟隆隆的打雷聲，這時阿張不甘示弱，
> 牠說了我相信是粗口的狗話，因為我只聽到牠吠了一個單字。

　　每人都有害怕的東西，狗亦然。我家的阿張，曾經無懼狗公園被同類圍毆，可以一個打十個，但一遇上打雷，唯一可以找到牠的地方，就只有櫃桌底。

　　我不知道是否所有動物都害怕打雷，最少阿張是，這也是我第一次看到牠害怕得令我有丁點兒心痛。

　　正值當日烏雲密布，平日不是睡覺就是睡覺的阿張已經坐立不安，不時進行夜間才會做的巡邏任務，當任務完畢，需要休息的時候，卻放棄了平日最喜歡睡覺的地方，選擇一個遠離窗戶的大門口位置躺下來，還以為牠可以真正做回一隻看門狗的時候，卻發現阿張的眼神和情緒跟平日有著明顯的分別。

　　平日在相同的時間，牠的眼皮早已半開半合然後便翻肚大睡，現在卻一直死盯著露臺，圓滾滾的黑眼珠也瞪得快要掉下來一樣，我停下手上的工作，跟著牠看著同一個方向，露臺外面除了雨點在拍打玻璃窗外便什麼也沒看到。我不排除牠看到「髒東西」，不過我一直不太害怕這些，因為本人比那些髒東

---

[2]　香港俚語，形容臨陣退縮、膽小鬼。

西更髒，況且，只要他／她的樣貌不太嚇人，我是可以接受和願意溝通的。問題現在是日光日白，應該沒有那麼邪猛，況且我什麼也沒有看見。

再聽聽牠異常急促的呼吸聲，便開始發覺牠真的有點不妥。以往我曾在阿張倒頭大睡時計算過牠的呼吸次數，一分鐘有約十四次，現在一分鐘差不多有四十次。阿張只會在去街的前後才會這樣「興奮」，但現在卻好像被下降頭一樣，雙目空洞，行為異常，直至我看到第一道天上的閃光，才猛然發現，阿張竟然怕打雷！

當第一道閃光打在山後，躺在大門口的阿張便突然坐起來，目不轉睛地瞪著，過了幾秒後，輪到轟隆隆的打雷聲，這時阿張不甘示弱，牠說了我相信是粗口的狗話，因為我只聽到牠吠了一個單字。最初還以為牠真的天不怕，地不怕，就連雷公也不怕要用粗口罵牠，心裡還不知道要讚賞這頭小狗膽大包天，還是知道自己從來沒有做過虧心事，連雷公也不怕來懲罰牠的時候，直至第二道打雷聲傳至，那頭最初扮有型大膽的阿張，連忙發出哀號，繼而急急腳從大門口起身並竄進我的工作檯檯下。

這時我才發現阿張已一早被嚇至六神無主，除了呼吸急促，哀號連連，毛髮豎起，還看到牠全身在不停地發顫，加上地磚質料偏滑，前腿因為身體不停發顫而不斷地往下滑，往下滑後又嘗試回復蹲下的姿勢，又繼續不停地發顫往下滑，平日

死也不願意走到檯下聞我的臭腳味，現在卻乖乖的依偎在我的身旁。這時我推開了凳子，蹲下來看著牠，真的哭笑不得。

「你剛才不是很威風的嗎？」

看到牠一副可憐的樣子，我把牠最喜歡的玩具和毛巾放在旁邊，然後在豎得有點硬的皮毛上抱抱牠，還不斷跟牠談話（當然是嘲諷牠的說話），嘗試平伏牠不安的心情……雖然牠還不斷盯著那可惡的露臺。

我不知道日後在你害怕的時候，我還會否是你的依靠，但希望你會記得今天的氣味，在你徬徨無助的時候，選擇了我（或者是被迫地選擇了我），依偎著我，而我也願意給你一邊的肩膀，一邊安撫著你，在生命河流中成為你其中一塊帶點腳臭味的墊腳石。

04 晨型狗

〰〰〰〰〰〰

天知道阿張前世原來是一位敬業樂業的保全，
今世為了繼續工作，化身成一隻狗。

　　若要生活好，除了勿買利物浦[3]，養狗也可以令你的生活
變得很好。

　　我們稱早上四至五時起床的人為「晨型人」，他們不是因
固定工作時間而被迫早起，而是長期而自願提早起床的人。據
研究報導，晨型人的身體狀況會因為規律化的生活和心理質素
的改善而變得健康，受訪者更認為在這段時間工作的效率會得
到大幅提升。

　　我很懶，卻是晨型人，但我是被迫的。

　　朋友知道了我每天四時半至五時起床，總是問我是否已經
變成了阿伯會上公園晨運？其實他們也說得對，我跟阿伯年紀
已相去不遠，就連晨運的習慣也與公園上的公公婆婆一樣，只
是身邊多了一隻狗而已。自從阿張進駐我家，自己的生活多少
也有了點變化，最少起床的時間早了，正確點來說是被迫早點
起床。

---

[3]　利物浦為英超足球勁旅之一，但由於表現飄忽不穩定，故香港熱愛足球賭博的
　　人創作了這句口號：「若要生活好，勿買利物浦。」

　　我不知道阿張平日在舊家中是如何歡度牠的夜生活，只知道夜晚，牠會被安放在廚房中，因為牠的主人不會讓阿張進入自己的房間，但我總覺得，阿張總是會在別人看不見牠的時候，做出一些意想不到而無法彌補的危險事情，於是每次牠來到我家的每個晚上，我都會打開房門，把牠安頓在睡房一角的毛毯上，讓牠二十四小時都在我的視線範圍內。老實說，替人照顧寵物，多少也會有點壓力，始終有託於人，就算教不好，最少也要讓牠吃得飽，睡得暖，全身而回。

　　然而，問題便來了，天知道阿張前世原來是一位敬業樂業的保全，今世為了繼續工作，化身成一隻狗，與我樓下的保全的作息時間一樣，晚上九時後便會開始無精打采，到十一時會倒頭睡覺，直至深夜四時，無須鬧鐘，便會開始準時巡邏。眼看牠滿懷心事似的，一面垂著頭，一面由房間的一角，慢慢走到走廊的另一端，再走回來，來來回回行了兩三個圈後便會抬頭看一看仍在床上的我，又繼續巡邏。當牠發現你依然無動於衷，腳步頻率便會加快，若果牠依然不受理，便會壓低嗓喉「汪」一聲。好了好了，深夜時分給你一吠，就算我不起床，鄰居也會來投訴，況且實在不忍心讓牠死忍著，才被迫起床，梳洗後帶牠上街解放一下。

　　還記得阿張當初來到的時候，心情除了有點緊張，我怕照顧不好牠，又怕牠不熟習新環境，睡得不好，於是牠的一舉一動，都牽動著我的神經，這位新住客的異常舉動，當然亦會令

我不得不起來查看究竟，但每次下床後便休得可以轉身返回被
窩，因為阿張又會好像很久沒見過你似的，龍飛鳳舞，把你的
小腿、大腿抓得傷痕累累。就是這樣，第一次四時半起床，第
二次四時半起床，周復一周，便被迫成了晨型人。

　　現在的生理時鐘，已被調校至四時半，即使阿張不在家，
我仍然會在相若的時間彈起身。牠在的時候，帶牠上上街開心
快活，牠不在的時候，便開始工作，我沒有好像那些充滿目標
和勤奮向上的成功人士般，計算我的工作能力有否提升，我只
知道因為有了阿張，我不得不改變一下自己的生活模式，但我
亦樂於此改變。正如今早，我剛遛完狗，再完成這篇文章，才
不過七時，時間蠻好用。

　　不過，「晨」早起來的，不一定是「型」，看看剛剛回來
的牠，現在又睡到翻肚，哪裡「型」？

05 「毋」愛

我連老媽也沒幫她按摩過，
現在我卻要替一隻狗按摩，不孝！

　　不知有沒有人好像我一樣，經常有一種不孝的感覺，例如老媽為了攢錢而每天粗茶淡飯，自己有時卻會飲白酒吃生蠔；平日老媽過著節衣縮食的生活，自己卻走到日本住將近萬元一晚的溫泉酒店歎世界……就算現在養狗，雖然只是一星期兩天，有時也有一種不孝的感覺。

　　或者一直積存的愛沒有疏通的渠道，於是不自覺地把它都分給了阿張，有時覺得我給牠的愛，比牠的女主人還要多，我不知道這是否把愛分給了一個錯誤的對象。

　　我喜歡閒時用五指功幫阿張按摩，按按頸，按按頭，牠似乎相當享受，有時更反轉要我掃牠的腹毛，不過最舒服的按摩方法和位置，似乎是用食指、中指和無名指替牠抓抓雙眼以上的頭頂部位，看牠的雙耳漸漸平放下來、頭部慢慢垂下、眼睛也就快撐不住的神情，那個蠻滿足的樣子便覺得好笑。但當你一停下，牠便會立即抬回頭，用那個黑漆漆、濕漉漉的鼻子頂著我的手，示意我繼續。甘願做牠的奴才的我，當然亦會奉命繼續行事。這時我心想：

　　我連老媽也沒幫她按摩過，現在我卻要替一隻狗按摩，

不孝！

　　阿張最近的食量小了，可能是剛做了閹割手術，胃口比以前差，以前一餐盛滿碗的狗糧，五分鐘一掃光後還好像未滿足的樣子，如今吃到一半已經離開，看見男人最痛算這種，可憐之心泛起，立刻走入廚房，煮我一年未煮過的飯，焓[4]我十年未焓過的雞胸肉，希望即使不能令牠重振雄風，也可以重振牠的食慾以作補償。這時我心想：

　　我連老媽也很久沒替她煮過飯，現在我卻要替一隻狗煮飯，不孝！

　　柴犬的毛不算柔順，但我喜歡不時跟阿張來個熊抱，除了在打雷時候給牠一點安慰，在冬天的時候，抱著牠一起在地上來個小睡，夏天時則抱牠坐在我的旁邊一起看電視，雖然這些場景都很HeHe[5]，但牠也顯得挺舒服的樣子，這時我心想：

　　我連老媽也很久沒抱過她，現在我卻抱住一隻狗，不孝！

　　有多少人到外地出差或旅行時，會掛念家中的媽媽？有，不過甚少；有多少人到外地出差或旅行時，會掛念家中的寵物？有，而且甚多，尤其是把牠放在朋友家中或寵物酒店的，不見一兩天便會開始擔心牠有沒有胃口、便便，睡得又是否安穩之類，但又有多少人會擔心不見一兩天的媽媽是否有胃口、便便、睡得又是否安穩？即使身處外地，你也可能會花心思留

---

[4]　水煮的料理方式。
[5]　香港俚語，指男性與男性之間的親密行為。

意一下有沒有狗用品和玩具送給牠，至於媽媽的伴手禮？不在
登機入關前也不會花時間和心思購買。

　　正常的母子關係並不是必然，如果你現在跟媽媽還可以閒
談數句，甚至有說有笑，那除了要恭喜你，還希望請你把對狗
的愛再分多一點點給她，因為說到尾，人需要的愛量始終大於
狗，更何況那個人是你最親的媽媽。

　　我一直很羨慕正常的母子關係，因為對於我，即使閒談數
句的畫面，相信已不能復再。

06 隱形人

我全程看著她們打情罵俏，她卻全程沒有看過我一眼，
因為她的眼中就只有阿張！

不少電影和卡通漫畫都有以隱形人做題材的故事，原來現實世界中也可以隨時做到，就是當我在遛狗的時候。

這是一個晴朗的早上，但相對我的樣子，一點也不晴朗，頭髮蓬鬆，頭頂那一束不知想怎樣的亂髮總是筆直的豎起，看起來相信蠻似天線寶寶；視線不太清，因為眼角總覺得有些異物在蠢動；男性荷爾蒙不特別高，但經過一個晚上後，鬚根仍會走出來曬太陽；上身跟下身有著強烈的反差，腦子處於半停頓狀態，所以手腳都只是跟著慣性去摸索移動，但下身的柴犬卻不斷抓著我的小腿，還用上充滿期待的眼神一直凝望著你……好了好了，我不梳頭洗臉也跟你上街，好嗎？

一直都以為早晨沒太多人在街上，反正這個時候天還未完全亮透，大多數都只是那些晨運的爺爺奶奶，誰在乎你的尊容？最初我還是這樣想，直至有一天，遇上了一位背心少女，我便開始懊悔。

當天早上如常地披頭散髮、油頭垢臉的帶阿張上街晨操，開始走進了一段直路的時候，遠處看見了一位穿著粉紅背心的少女，黑色的緊身褲包裹著長腿，纖腰上的長髮馬尾隨著衣服

間的皺摺一起騷動，樣貌還有點似官恩娜（香港女演員），這
時的思緒開始繃緊紊亂，情況就如你總會於不在狀態下遇上前
任一樣，繼而抱怨自己為什麼不穿好一點、梳好一點……不消
一會，她已跑到我的身邊，還說了一聲：「Hi！」

我未睡醒，還是正在夢遊？當我急忙回一聲：「Hi！」，
但同時間我也覺得自己很燿[6]，因為她的Hi根本不是迎頭對我
說，而是對著地下說，其實這位背心少女的眼睛一直未離開
過阿張，當她說Hi之時亦同時蹲了下來，跟阿張打招呼。這
時，阿張當然亦不放過熱情好客之道，滿載笑容（其實是焓熟
狗頭[7]）的任意讓她摸過夠，牠還乘勢把頭俯伏在少女的大腿
上，不斷舔她的手掌，逗得這位少女開心不已，她不時稱讚阿
張：「你好帥呀！」（我不想再描述她倆之間的纏綿行為，就
此省略五百字）……就這樣過了約半分鐘，她便站起來說了一
句：「Bye！」，然後繼續跑她的步。

我全程看著她們打情罵俏，她卻全程沒有看過我一眼，因
為她的眼中就只有阿張！記得當那位背心少女離開之後，阿張
還向上看了我一眼，然後用跟以往不同的步伐蹦蹦跳的繼續向
前走，那種得意洋洋兼帶點囂張的態度，好像在跟我說：「多
學著啊！」

原來我的存在感如此薄弱，當帶著阿張的時候，更幾乎隱

---

[6] 香港俚語，指說或做了一些令自己尷尬的話或行為。
[7] 香港俚語，指狗咧嘴大笑的模樣。

了形，別人看到的，往往只有被人說「靚仔」的阿張，至於拖著牠的那個人，誰在乎？

　　以後遛狗的時候，我也會繼續披頭散髮、蓬頭垢臉，反正沒有人看到我。

　　我沒有葡萄，真的沒有。

07 我沒有良心

〜〜〜〜〜〜〜〜

就算你自問做事對得住天地良心，
一隻狗在街上看過你後也不會無緣無故地走向你，
最多只會是盯著你直至離開。

　　第二十八任美國總統威爾遜說過：「如果一隻狗看過你的臉，沒有走向你，你便要回家問問自己的良心了。」

　　這位總統先生的說話大抵還有弦外之音，因為正常來說，就算你自問做事對得住天地良心，一隻狗在街上看過你後也不會無緣無故地走向你，最多只會是盯著你直至離開，與做人有沒有良心似乎談不上有直接關係，當然，你的樣子一片和靄可親，狗狗走向你的機會總比你板出一副兇神惡煞的樣子高得多，但要一隻狗望向你而決定走向你，大多只有三種情形：一、這隻狗已經被你馴服，二、你做了一些吸引的表情或動作，包括手執美食；三、這隻狗決定襲擊你（還有第四，你是一隻狗）。

　　事實上，教導狗狗看過你的臉，或是聽到主人命令後走向自己，遠比教會牠們hand hand及其他逗人的把戲重要，因為只要牠們學會了「come」的指令，日後便可以避免遇上與同類打鬥或衝出馬路等危險的境況出現。再說，不少有養狗經驗的人都不主張在街上遛狗時不繫狗繩，因為即使平日狗隻如何溫馴

和服從，街道上種種的突發事情都可能隨時會令狗隻失控，甚至失蹤，至今仍然不斷在街道的欄杆上看到新的尋狗啟示便可想而知。

以我所知，阿張在舊家中只會與吳伊諾陪瞓（陪睡），但平日卻甚少得到適當的培訓，所以訓練牠的責任，很大程度上便落在我的身上。對一個完全不知管教狗狗為何物的人來說，還要管教一隻生性頑皮和固執的柴犬，而且每星期只有一至兩日訓練，這無疑是極大的挑戰，同時身負一種壓力。雖然我只是阿張的哎吔主人[8]，但我有責任讓牠身處安全的環境，每星期讓牠全身而回。自從上一次阿張給大狗圍毆，令牠的左前臂被輕微咬傷，當晚帶牠回到吳伊諾家時，我依然有點內疚，不知道吳是真心抑或只是開解我，她說：「活該了吧？下次你再找多一些狗來教訓牠，看牠敢不敢再惹事生非！」

阿張自九個月大的時候便開始每星期來我家寄宿，至今我看了兩本訓練狗狗的書籍，每次看到由知名的馴狗師斯莎・米拿、賈斯汀・斯維爾主持的節目，都會錄影下來後不停翻看再翻看，希望學會一招半式。

但原來要學會一個Come的指令，都已經令我絞盡腦汁，要訓練阿張Come，先要訓練牠Stay，即是讓牠留在原地，單是學會這個指令便需要兩個月（即約八日），本以為可以接著學

8　粵語，指現成主人；如「哎吔老豆」指現成老爸、乾爹，養育不是自己親生的子女。

Come，初時牠總算掌握了技巧，但因為每次的訓練都事隔多日，下一次牠好像又患了少年癡呆症一樣，把之前的訓練忘記得一乾二淨。

前後足足花了半年（即約二十四日），阿張終於學識了這兩個基本指令，自己亦突然成就感上身，滿心期待到戶外印證一下訓練成果。當晚，與阿張走到狗公園，自信滿滿的放繩，結果才發現，在家中訓練與室外訓練根本是兩回事。半年之後，阿張在家中的確學會了Stay和Come，但走到室外，阿張的貪玩本性依舊，每次我放聲指令，牠就只看一看我的臉，然後繼續搜尋公園內的糞便，以及追逐那隻淺粉紅吉娃娃的屁股，這時我才知道，半年間的心血，就連狗糞都不如。

「如果一隻狗看過你的臉，沒有走向你，你便要回家問問自己的良心了。」經過這次打擊，看來我真的要回家問問自己的良心了。

08 請你不要比我先死

養狗得到的快樂猶如不斷在刷卡，不斷透支未來存款。
當一天牠要走了，往後要償還的悲傷日子可能會更漫長。

直至今天，仍拿不出勇氣去養狗，因為至今仍拿不出勇氣接受死亡。

如無意外，一隻狗大多都有十多歲命，即是我們會有十多年的快樂光景，有時會覺得自己想得太多太遠，莫說是十幾年之後，十幾日之後這個世界會發生什麼事情也很難預料，說不定自己會死先過佢，傷感的角色便可以掉換（或是我先死，牠會覺得自己得到解脫也說不定）。那何不先行享受那十多年的快樂？之後怎辦？沒人是先知，天曉得！

再說，養狗較戀愛來得更誠實，所指的誠實不是單止在於雙方的互信，而是你會知道狗的壽命大概會有多長，你會預計得到雙方相處的日子，大多不會太短，但亦不會太長，戀愛則不然。

當人與狗相處了十一、二載，發現愛犬的病痛開始多了，活躍度走到下坡，作為狗主不得不要有心理準備，因為雙方都應該知道，彼此可以依偎的時間已經進入了倒數。相比戀愛便覺得虛無，無論在熱戀階段，抑或在教堂裡睜眼說著彼此要愛到永不分離，熱戀過後，離開教堂，隨時隨地都可能患上戀愛

腦退化症，雙方可以因問題積慮導致不歡而散，又或是突如其來的情緒發洩要分手，彼此可以依偎的日子可以是幾個月、幾年、幾十年，老夫老妻的可以離婚，更遑論是小情人，戀愛不能預算，但養狗可以，這方面，狗最誠實。

記得有一齣電影《馬利與我》，講述由歐文‧威爾遜飾演的報社記者與一頭名為馬利的拉布拉多犬的生活，雖然這隻被稱為「全世界最糟的狗」由小至大無「惡」不作，但牠一直忠誠地守護、跟隨和見證自己在事業和家庭上的起伏，當一切變得美好之時，年老的馬利才決定獨自離開。

我看了四次，喊足四次。

我不養狗，就是不想這樣子。

或者養狗的確可以帶給我十多年的快樂，甚至可以如這齣改篇小說的電影主角般改變了人生，但養狗得到的快樂猶如不斷在刷卡，不斷透支未來存款。當一天牠要走了，往後要償還的悲傷日子可能會更漫長，就算只還本不還息，快樂十多年換來傷心十多年，怎樣想也一樣難受。有些人便說，在狗狗長到十歲左右便要開始養另一隻，那就算老狗去了，家中亦不會太「空虛」，也可以不用太感傷。但這種失去至親的感覺真的可以完全被填滿取代嗎？如果感情也可以交換，那白姐姐一早便無得撈，王貽興先生的《原來戀愛》[9] 還可以大賣嗎？

---

[9]　《原來戀愛》是香港作家王貽興的小說。

　　最初吳伊諾提議閞時把阿張寄居我家，那時我覺得自己的角色只是一個兼職飼養員，只需要讓牠有入有出，安安全全，然後全身而回，便算是盡了責任，就算日後阿張有甚麼三長四短，我都應該不會太傷心，所以才會答應。但到了現在，我和阿張一起生活了年多，我們已培養出一份連人也難做到的默契，透過一個眼神，也好像已經知道對方的下一步動作……如果有一天，我真的要目送阿張離開，我恐怕難以釋懷。

　　但我已經無法回頭，後悔莫及。

09 醋王

究竟我是在妒忌阿張懂得「耍手段」到處跟陌生的姐姐抱抱，
抑或吃醋這些姐姐輕易而舉便博得阿張的擁抱和信任？
我是否又會想得太多了？

　　我有用一口氣也說不完的缺點，容易吃醋是其中之一。最近那股醋酸味有蔓延的跡象，除了吃人醋，現在更吃狗醋。

　　不得不承認，有一次看見伴侶與陌生的異性傾談甚歡，就算明知只是正常不過的社交對談，心裡總是泛起一點點醋意，自己的表皮上笑臉迎人，心裡卻暗自不爽，繼而望著那個異性不斷在喃喃自語：「你以為自己很風趣嗎？⋯⋯一點都不好笑⋯⋯為什麼你媽不長多一張嘴給你？那你便可以一個用來吃，一個用來說了。」縱使最後沒有理直氣壯地跟伴侶提出：「那個男人是誰？」等低智的問題，心裡的醋意酸得差點兒胃痛。

　　有時會問自己，氣量是否少了一點？在一般的社交場合擁有諧和歡樂的氣氛確實難得，既然自己一向對初相識的朋友較沉默，而性格較外向型的另一半主導了與席上各人的話題，自己不用硬說一些冠冕堂皇的說話，專心享用眼前美食，不就更好了麼？為什麼會有這種無聊的吃醋念頭？跟著便會自我解說：愛情包含吃醋，吃醋就是緊張，適量的緊張代表著對另一

半的重視，如果連丁點兒吃醋之心也沒有，那根本沒有愛……

自我感覺良好，心情豁然開朗！

直至當晚，才發現自己的吃醋之心蔓延至一隻狗。

我一直說阿張濫情，飢不擇食，見狗擒狗，見人抱人，前者已司空見慣，無奈接受，但牠的好客之道似乎對人更甚，尤其是女人，只要一位陌生的女性懂得用手指輕柔而持續地抓抓牠的前額，阿張便會頓時熱情如火，張大狗口，伸出長舌，一臉笑容般用牠那對炯炯有神、猶如黑色波子的眼珠盯著對方（真正的一副焓熟狗頭大概就是這樣吧），再伺機撲向對方來個舔臉擁抱，如果對方是上了年紀的還算了，看到牠可以與顏值甚高的青春女士來個擁抱，妒忌之心又再次湧上。

事後冷靜下來又自我反省，究竟我是在妒忌阿張懂得「耍手段」到處跟陌生的姐姐抱抱，抑或吃醋這些姐姐輕易而舉便博得阿張的擁抱和信任？我是否又會想得太多了？但直至那一晚，我真的泛起妒忌和吃醋之意。

我不知道阿張是否掛念牠的女主人，前幾天已經悶悶不樂，食量也減少五分之一，直至當晚，吳伊諾剛從外地出差回來，我也準時帶著阿張上到她的家中，阿張在電梯內已經顯得坐立不安，不停兜圈，直至大門一開，看到吳伊諾的時候，簡直可以用瘋癲來形容，前幾天的鬱愁全消，只看到現在的阿張不斷在瘋跑瘋吻瘋跳瘋吠，一直圍著吳，她的任何一句說話、一個動作，都令阿張興奮不已，兩個好像黏皮糖般玩過不停。

　　當時突然覺得自己的存在猶如江邊賣水，匆匆地跟她說了兩句便關門離開，過程中阿張完全沒理會過我。

　　門縫裡看到那兩口子，我真心地妒忌兼吃醋了。

10 被迫從良

養狗可以令人改變固有不少的觀念，
甚至連生活方式也會改變。

記得前幾年還過著盡情做盡情玩的生活，意思是工作不分晝夜，玩亦會通宵達旦，即使知道這某程度上是一種放縱和發洩，過著一種非理智的生活，但依然故我。

直至一天的深夜，我早了回家，累攤在沙發上，看著天花板上的大廳燈，那是我在十三年前選購的一盞外型似一塊夾餅的飛碟型大燈，但就從沒更換過裡頭的燈膽，心想：有燈膽可以如此耐用嗎？這是否因為我很少開著它？如是，為什麼又如此少？跟著才發現，原來這十三年間的夜晚，我根本很少留在家中，那又何須開燈？

或者真的要開始珍惜相識已久的朋友，因為除了父母，他們便是最了解自己的一群。其中的一位深交吳伊諾，她在年多前帶了只有兩個月大的阿張回家，其實她本應可以過著彼此依靠的日子，但不知道她真的希望趁著周末釋放自己而需要把阿張放在我家寄宿，抑或希望讓我從養狗的過程中來改變過往的糜爛生活方式。事實證明，她兩樣都做到了，她可以在周末和假期間過著萬花筒般的生活，而我就成功轉型做半宅男。

我承認很重視阿張，因為我不會單獨留牠在家中，不是

因為怕牠搗亂，而是擔心牠的安全。有很多狗主因為工作和其他原因，被迫把寵物單獨留在家中，然後裝上鏡頭，在外邊監察著寵物的一舉一動。但我不能，也不忍讓阿張單獨留在家，既然吳想把牠寄宿在我這裡，她自然希望有人看顧牠，否則又何必多此一舉？況且，就算我忍心獨留牠在家，自己在外邊逍遙，心裡總會有點牽掛，又哪裡可以樂得自在？所以這年多以來，每逢阿張大駕光臨，我都會一直待在家中伺候牠。

養狗可以令人改變固有不少的觀念，甚至連生活方式也會改變。

以前全屋最乾淨整齊的廚房開始發揮它的效用，因為我從此要在家中煮飯。記得阿張初來報到，我還會帶牠一起到樓下的餐廳填飽肚子，但除了公園，原來有很多餐廳也不能帶狗入內，於是我開始有逛超市的習慣，尤其是那間位於吉吉島的地下超市，購買兩至三日的食材，預備周末和假期與阿張吃大餐。

我不但吃多了家常菜，就連飲食習慣也改變了。每星期我都會買一包雞胸肉，因為我知道這是阿張的最愛，就算遇著牠沒多大胃口，只要放些白焓過的手撕雞胸肉混進狗糧中，牠都會用鼻、舌甚至腳來篩選當中的雞胸肉來吃，而我就為了方便，索性把廚房剩餘的雞胸肉，加白飯和一盒泡菜，這樣馬馬虎虎的一餐又一餐。

阿張來了之後，我少逛了電玩店，反而去多了寵物店，看

看有什麼新產品、零食和玩具;為了照顧牠,周末及假期的
純玩樂約會我也得推了,自然也很久沒有過夜生活……這一點
一滴的改變,我一直沒有在意。直至有一晚,大廳的夾餅大
燈膽「卜」一聲燒了,這才發現,原來我已在家中待過很多個
夜晚。

　　我的生活不斷在轉變,我不知道這是好或是壞,但轉變
的原因不是因為其他人,而是因為一隻狗,這確是令我意想
不到。

11 習慣病

〰〰〰〰〰〰

我要強調，我沒有掛念阿張，
一點也沒有……只是有點不習慣而已。

「習慣病」的意思不是指經常生病，而是有一種病叫習慣病，就是平日你每天都會做的行為，因某些原因而不需要再做下去，卻不做不快，心癢難耐。病發期因事而已，亦因人而已，一般而言，如果某樣習慣維持越久，康復期便會越久，心理質素越差，康復期亦會越長。

已經兩星期沒見過阿張了。

這是來自兩星期前的狗主人吳伊諾與我的一段whatsapp對話：

> 下星期我會放一個長假期，太好了！Yeah！！！

下午2:01 //

> 恭喜～

下午2:01 //

> 那麼下星期有空來我家吃飯嗎？我網購了兩盒北海道長腳蟹，很便宜啊！

下午2:02 //

（下刪一百字廢話）

……還有，那個星期不用麻煩你照顧阿張了。

下午2:12 //

哦～

下午2:15 //

怎麼了？是不是想念牠？

下午2:15 //

一點都沒有！

下午2:15 //

哈哈～真的嗎？那就好了😅～

下午2:16 //

😭

下午2:16 //

我要強調，我沒有掛念阿張，一點也沒有……只是有點不習慣而已。

每個周六的中午我都會聽到阿張在屋外吠，但牠只會吠一聲，繼而便到門鐘響起，打開大門，吳伊諾已拉不住牠，任由牠瘋癲地飛撲在我的身上，左跳右轉，狂舐亂抓，每星期見面前我都會穿回長褲，否則下體肯定被牠抓至片體麟傷，這種興

奮狀態只會維持兩分鐘，待牠冷靜下來後便會繼續睡牠的覺，而吳伊諾亦會離開，展開她的尋歡之旅，而我也會回復正常生活，繼續工作。

那天已經是周六的兩時半，心裡曾經片刻以為門鐘又沒電了，但想了想，就算門鐘壞了，沒理由還未聽到阿張光臨前必吠的那一聲，我走到防盜眼那處窺視了一會，水靜河飛，再慢慢地轉身，除下長褲，換回四角褲，原來我忘記了這個星期阿張不會來我家了。

我沒有掛念牠，一點也沒有……只是有點不習慣而已。

我的工作地方有點自閉，與性格相若，面向的除了是電腦螢幕，就只有一幅白得不可再白的牆，所以每日工作猶如達摩一樣，日夜面壁，大家都有一個「達」字，祂已經覺悟得道，但我的腦袋卻經常如眼前的白牆一樣，空白一片。所以每到周末，我都會不時向後望，看看阿張在搞什麼鬼，如果還沒睡的便跟牠玩拋波、梳毛、捉迷藏……那天，我也向後望了一眼，地上除了有一早為牠準備好的毛毯和玩具，什麼也沒有。

我沒有掛念牠，一點也沒有……只是有點不習慣而已。

每個周日，總不能睡晚一點，因為習慣早睡早起的阿張每到清晨四時半，便會準時滴滴答答來回在睡房中踱步，見我還沒起床，便會壓著喉嚨低沉地吠叫，每次給牠吵醒時都有一刻的晨早躁火，怨牠不如去做真正的保全吧！但最後還是屈服，下床梳洗，然後帶牠落去晨操。今個周日的早上，阿張不來

了，本以為可以睡到天昏地暗，但不知怎的準時四點半彈了起來，再看看床邊，什麼也沒有。

我沒有掛念牠，一點也沒有……只是有點不習慣而已。

一星期後，我應約上到吳伊諾家中吃飯，看到阿張依舊生猛，打開門後牠依舊飛撲在我的身上，左跳右轉，狂舐亂抓，我樂透了，大門也沒關上，便跟牠在門口玩了五分鐘，吳看到我罕見的雀躍表情，似乎看穿了我，問道：

「怎麼了？還說不掛念牠？」

我有點被擊中要害，但還要強裝淡然回應：

「一點也沒有……只是有點不習慣而已。」

阿張啓示錄 2

我的柴犬，沒有那頭黃金獵犬的定性，但我就是喜歡你的調皮；沒有
牠的憐憫眼神，但我就是喜歡你那對圓滾滾的眼睛；沒有牠的雄糾
糾，但我就是喜歡你仍像個小孩子，最重要的是，你了解我的脾性，
知道我喜歡和不喜歡的，而我亦相信，世上只有你可以容得下我一起
與你相處下去。

12 不要受「好多人」影響

我深信，問題只是你是否願意用心和花時間在牠的身上，
而不是因為「好多人」隨便的一句便將牠定型而放縱不顧。

「好多人都那麼做」、「好多人都這麼說」……人的對話
有一些約定俗成的模式，這是其中一種普遍的說話模式，但所
謂的「好多人」，其實可能只有三兩個。

當看見有人做過類似的行為，或者跟你說過同一番話，即
使只有三兩個，有些人都會定義為「好多人」：公司裡的大姐
說：「今天有好多人打電來查詢，很煩啊！」、行銷部Sandy
說：「好多人都不喜歡那個Bonnie啦，經常裝酷！」，還有不
知第幾代女朋友問過：「好多人都讚我今天樣子好可愛，你覺
得呢？」

其實公司裡的大姐平日最重要工作就是早上看到老闆叫「早
安」，老闆下班離開說「bye-bye」而已，所以今日多了「好多
人」打電話來查詢，即使三兩個也確實難為了她；行銷部的Sandy
說有好多人不喜歡Bonnie，一眼望去，辦公室不足十位同事，怎
樣也難說這裡有好多人吧？女朋友啊，妳今天早上好像第一個
回到辦公室，已經有好多人讚妳嗎？那些不是髒東西是什麼？

選擇以「好多人」為說話模式一般有兩種情況。其中一種
是「以偏概全」，遇到三兩個人說同一番話或是做過類似的行

為，便會視作為普遍現象，有時更會變成自己的處事態度和標準，以嘗試影響他人。例如在街上看到三兩個人在爭執動粗，便會覺得現今香港人怨氣重、品格差；在廣東道看到三兩個冒失鬼在街上橫衝直撞、邊蹲邊吼，又會覺得香港越來越多橫蠻無理的大陸人。其實香港地方小，人卻越來越多，人性亦自然變得複雜、醜惡，但我相信即使在街上遇到有三兩個異人，大多數香港人都是善良和樂於助人的；即使遇上三兩個不文明的大陸遊客，也不代表所有大陸人都是不文明。

其次就是用「好多人」來加強自己的說服力，希望得到對方的認同。但怎樣為之「好多人」？十個或十萬個？其實數目並不重要，也沒有意義，「好多」只是相對而言，就如我會吹噓這本書好多人看，但真的見過有人在看這本書嗎？對，就只有你一個，雖然只有你一個，但我都會說：「好多人都鍾意看這本書！」至少我未曾在街上看到有人看我的書，當我知道你竟然在看，我會十分驚奇和驚喜，因為除了我，現在還有你看過這本書，由一變二，多了一倍，不是「好多」是什麼？

說回狗，「好多人」都說柴犬貪玩、固執，服從性較其他工作犬低，但事實是牠亦可以成為一頭服從紀律的工作犬，就如一隻名為「桃太郎」的柴犬，早前便通過了投考日本警隊的測試，成為北海道的專屬警犬，負責追蹤犯人和搜救任務。

我不知道有多少人說柴犬天性貪玩和固執，也不知道說過這番話的朋友養過多少隻柴犬而得出這樣的結論。對於我來

説，至今只養過一頭柴犬，而且只屬「兼職」，所以我不會説
柴犬天性這樣那樣扮專家。現在，我看著乖乖躺在腳旁但無時
無刻定盯著我，不知打什麼鬼主義的阿張，我認識牠，牠的確
貪玩，但世上有哪隻幼犬不貪玩？我也感受過牠的固執，但相
信可以經過訓練來改善，所以我深信，問題只是你是否願意用
心和花時間在牠的身上，而不是因為「好多人」隨便的一句便
將牠定型而放縱不顧。

13 喪禮、婚禮、無禮

我喜歡無禮，不喜歡婚禮，更厭惡喪禮。

　　一直都不明白為何要搞婚禮，在人家門口嚷著要那999.9（港幣），在屋內穿紅底褲做掌上壓，要別人請假來觀你的禮，夜晚再來個只有浪費兼不環保的乳豬魚翅宴，還要希望婚禮中沒出現酒鬼鬧事、兄弟姊妹因禮金或工作而與新人反目成仇等事情發生。如果主人翁視婚禮為禮金交易場、滿足老人家的傳統觀念，或是保存雙方顏面的龍鳳大戲，那已經不再是婚禮的本意，最遺憾的是請來飲宴那幾百人當中，真心誠意為一對新人的結合而高興的究竟有多少位？其實新人心裡已早有定數，既然如此，搞一場大部分都不是真心誠意來恭賀他們的所謂婚禮，意義又何在？不過，我最怕的還是聽到有新人說：一生人一次，當然要辦啦！

　　你又怎知你一生人只有一次婚禮？

　　話雖如此，喪禮比婚禮感覺更糟。婚禮說到尾都是做給別人看，但喪禮做給誰看？

　　早前有報導指有部分臺灣人對傳統的喪禮感到厭煩，原因是根據臺灣習俗，由安葬遺體、扶靈、入殮、訃告到舉行告別儀式再出殯埋葬或火化進塔，一般需要十五天。報導中訪問

了一位正披麻帶孝的子孫，他毫不諱言說道：「其實這些繁雜累人的禮節都是『不孝』的子孫搞出來的！」我想他應該是被那喪禮累垮，或是對著十年不會一見、喪禮才會見面一次的「親」人後，才會說出這種氣話，不過從中也反映了喪禮背後的真正本意。

當然，辦喪禮的後人不會是「不孝」，因為如果真的不孝，那就連喪禮都懶得辦，問題是，是否需要跟婚禮一樣搞齣大戲？

人說死後靈魂會留在陽間一段時間，孝子賢孫會根據宗教信仰，藉著這段時間上貢、擔幡買水，或是唱詩歌、祈禱等，以求陰安陽樂，盡快輪迴，或是早日升天，得到永生。我的奶奶以一百零二歲高齡仙逝，或者看到她已經辛苦了十多年，現在可說是一種解脫，還可以與爺爺重聚，雖然在親人按動棺木入火化爐那一刻，那對淚滴依舊在眼窩內湍流，但整體感覺已沒有爺爺仙遊時那般傷感。不過我真的希望在她離開我們的時候問一問生前已經動不了、聽不到、看不清的奶奶：您收到我們昨天摺給您的金銀衣紙嗎？看過那些穿金戴銀、梳油頭的大叔們，搖身一變成為道士樂隊後，查篤撐帶領著表情無奈的親人揼揼轉玩舞火會[1]嗎？還有，我相信您已很久沒過海了，您

---

[1] 香港的喪禮中普遍進行的一種道教儀式，稱為「破地獄」。通常由一組四至六人的法師進行，為首者揮動桃木劍繞圈走動，期間會焚燒衣紙、吹火球、敲破瓦磚等，目的是引領逝者的亡靈早日離開地府，進入輪迴。

知道鑽石山墳場怎樣去嗎？

　　親愛的奶奶，還是選擇搭計程車好了！

　　喪禮中的繁文縟節，其實每人心裡都清楚明白，對死了的人根本沒有意義，人死了就是死了，輪迴、天堂等事統統是在生之人一廂情願、令自己心安的幻想，既然如此，喪禮做給誰看？是否應該把搞喪禮的精神、時間與金錢獻給生前的親人，而不是那班道士樂隊？

　　我不會跟另一半大擺筵席，阿張死後我更不會為牠搞舞火會，我只希望生前對她們好一點，不會讓自己後悔。

　　愛我的人和狗，其實蠻可憐。

14 狗吃屎

就算麝香貓咖啡如何香，如何矜貴，
也是一粒粒真正的屎，但仍有人視之如瑰寶。

除了雞屎藤、白鴿屎，你吃過狗屎糕嗎？

不是我作的，是真有其物，據聞還很受歡迎。從分銷商得知，他們每次都會大量入貨，因為有時候會不夠賣。雖然名為狗屎，但狗屎糕當然不是由狗屎造，以「狗屎」命名只是一種宣傳伎倆，旨在吸引顧客，狗屎糕只是一種分有芝麻花生和綠豆的上海糕點，味道帶甘香云云。

其實，這等名不符實的食物名稱多的是，我們一直以來亦甘願受騙，不要說蟹柳沒有蟹、菠蘿包沒有菠蘿這些擺明是騙人的食物，當魚旦被證實沒有魚肉、牛丸沒有牛肉，就連鵝也會被換成鴨賣的時候，看到這些食物名字也不要太深究下去好了。問題是，狗屎糕的生產商為什麼要把自家製的糕點起名為如此穢臭的品牌名字？最難明白的還是，為什麼會有如此多人喜歡吃「狗屎」？

記得當年旺角有一間以廁所為主題的餐廳，無論裝修、器皿甚至食物都是以廁所的元素設計，當然少不了以糞便作造型的「美食」，這個嶄新的飲食概念甚至掀起過一時熱話。但除非你有特別嗜好，就算食物本身如何美味，正常來說你試過一次後

應該不會因為這等外形何其嘔心的食物而會再次光臨，亦很難想像當朋友問你想去哪裡吃飯時，你會提議不如一起去吃屎！

不過凡事總有例外，正如到現在還不明白，就算麝香貓咖啡如何香，如何矜貴，也是一粒粒真正的屎！但仍有人視之如瑰寶。記得幾年前，在三季酒店中看到一位咖啡沖調師用心地炮製了一小杯貓屎咖啡，其中一位工作夥伴慢慢地提起杯耳，蓋上雙眼，用盡自己的肺容量終極一索，那種誓要把貓屎精華完全吸乾，唯恐會走漏一丁點貓屎氣味的畫面，至今仍很難理解。

究竟為什麼有人會做出如此偏激的行為？沒其他好吃的竟要吃屎？

直至看到阿張有一次在街角中埋頭埋腦地舐屎後，我頓然茅塞頓開。

專家説狗吃糞是因為牠們被主人忽略、吸收缺乏的養分或純為天性而行之。

首先我沒有忽略過阿張，只有牠忽略我，因為我是牠的傭人，要隨時候命，每朝四時半準時做狗肉鬧鐘，奉命起床帶牠解手，隨時要我跟牠玩公仔、按摩、梳毛，否則便發出哀號扮可憐，但到我發悶想跟牠玩的時候，牠卻無視我繼續大覺瞓；阿張不會缺乏養分，因為牠除了可以享受最高級的狗糧，每次牠沒胃口的時候，我都會煲白飯和雞胸肉給牠，以確保牠有足夠營養。

　　那為什麼阿張仍要吃屎？唯一解釋就只有因天性而為之。

　　這亦可以解釋，當你每天看到一些駭人聽聞的消息，甚至遇上一些人發表和做出偏離常理、道德的極端言論和詭異行為，都是基於個人的天性，沒法解釋，也沒必要解釋，因為天性就是如此。

　　狗喜歡吃屎，莫怪乎有「食屎狗」[2]的稱號。

　　人亦然。

---

[2]　香港人咒罵別人時的用語。

15 電視主播與狗

我喜歡看新聞，不是特別喜歡新聞報導內容，
而是喜歡聽到她／他在完成一個報導環節後的結尾句：
「先休息一陣，廣告回來會報導……」。

每日，我們都會聽到和被聽到一些說話，當中有不少是規律性和公式化的，即是每天在某個時間、某個地方都必然會聽到相同內容的說話，正是因為每天都會聽到，所以我們可能沒有留意當中的內容，反正說者無心，聽者自然不會在意，真正做到左耳入右耳出的境界。縱使每天的說話內容都是一樣，但不等如這些內容都是正確，只要想一想，有些根本就是謊言，而且是明顯不過的謊言，不過大家都習以為常，聽者沒有抗拒，說者自然繼續說，而當事人亦自得其樂，甚至好像真的要把「說過謊言一百次便會變成真言」的道理應驗出來。

記得以前有一段時間，每天都要經過北角一間時裝店，那裡主要售賣較平價的中年婦人衣服，該店已開店最少四年了，因為我在這四年裡無間斷地經過店門，而由第一次經過該舖的時候，那裡的揚聲器已不斷重複著一個男人的說話：「業主迫遷，要錢不要貨，看裡面挑裡面選，每件廿元起，最後出清，機會難逢。業主迫遷，要錢不要貨，看裡面挑裡面選……」第一次聽到沒有在意，三個月後聽到也沒有為意，一年後開始了

解那段廣播內容，兩年後還曾經暗地裡替這間街坊舖頭老闆打氣，希望他可以繼續撐下去，三年後開始覺得有點不妥，為何業主還未迫遷，莫非真的是良心發現？

四年後，我這個遲鈍到極點的路人甲才發現，這根本就是一種低級的宣傳伎倆，他每天都被「業主迫遷」，讓其他人以為每天的所謂減價都是「最後機會」。七年之後的昨天，我再次經過相同的時裝店門口，他依然說著同一番話，雖然錄音聲帶已有點「沙啞」（畢竟粗略計算，該段錄音已說了不下三千七百萬次），但他依然樂此不疲，繼續不斷而公然欺騙消費者。

在餐廳用餐，經常聽到有侍應跟剛吃完最後一啖飯的客人說：「我幫你先收拾桌面！」在高級餐廳中，侍應說這一番話，可能真的是希望給你收拾好檯面上凌亂的餐具，好讓你舒適地繼續與朋友暢談。但在一間滿布食客，門口還有大量顧客等待入內的餐廳來說，這番話便很明顯有催促你快點離開之意。

其實我絕不介意早點吃完，早點讓出座位予其他顧客，但可能這番話說得實在太假、太虛偽，每次聽起來也覺得有點反感：侍應說「我幫你先收拾桌面」，那當然是你幫我，莫非你要我幫你？他用「幫」字，好像收拾檯面的餐具變成了對我的恩賜，我還要欠他一份人情！這句表面誠意其實假意到不堪的說話，未免真的太虛偽了吧？

　　我還是喜歡新聞主播和狗的說話。

　　我喜歡看新聞，不是特別喜歡新聞報導內容，而是喜歡聽到她／他在完成一個報導環節後的結尾句：「先休息一陣，廣告回來會報導⋯⋯」。其實我相信絕大部分觀眾每天看新聞報導的時候都是在休息，那她／他說「先休息一陣」很明顯不是要讓觀眾休息，而是坦白地跟觀眾說：「說了那麼多，先讓我休息一下吧！」相比那些具有立場的採訪角度和用字的新聞報導，不是來得更有人性，更真實嗎？這與狗一樣，雖然牠們的說話往往只得一個單字，但你從沒有被牠欺騙過，因為牠所有的說話都沒有經過修飾，縱使有時會聽得令人氣結，但都是直接表達心裡的感受，真摯而不造作。

　　不知道是自己比以前變得聰明了一點，還是多了人喜歡以謊言為樂為道，願意跟自己說真心話的，已經越來越少了。

16 不安樂死

有時會覺得做狗比做人好，尤其是在面對死亡的時候。

人可以決定狗能否安樂死，人卻不可以自決，堪虞！

到了一把年紀，便不得不想到死，這不是說自己死期將近（雖然亦不遠矣），而是要被迫去接觸死，被迫要想到死這回事。第一次參與喪禮的時候，我才只有五、六歲，記得當時跟在父母背後走入殯儀館，站在右邊那位大叔說什麼鞠躬，我已引不住笑了起來，然後跟著站在前面的父母猛點頭，不知自己鞠了多少躬，就在我們就座的時候，我還篤著爸爸的背脊問道：「那幀相片中的人是誰啊？」，那時才驚現，爸爸已淚滿兩行。

世界沒有啥公平事，但年齡最公平，我大一歲，你亦會一起大一歲，沒有人有權可以快一點，沒有人有權可以慢一點，就算家族中的遺傳基因如何良好，又touchwood³沒遇過意外，身邊的親人亦會跟著年齡大小，排隊一個接一個的離你而去，然後傷感、遺憾、掛念，接著下一個離你而去，然後傷感、遺憾、掛念，直至最後輪到自己……看似平淡地展述了一個不斷

---

³　香港俚俗，相傳說了一些不吉利的話後，觸碰一下木製品便會化解。

重複但沒有循環的生命圈，當中除了因為不斷而被迫地接觸到死亡，逐漸了解到真正的離去，從而學會了面對和珍惜，也萌起一種祝福的心，就是輪到下一位親朋戚友心跳停止的時候，希望事前可以不受痛苦的離去，這種自求多福的祝願，當然包括我和阿張。

有時會覺得做狗比做人好，尤其是在面對死亡的時候，如果有幸遇上一位視你如家人一樣看待的主人，當他／她知道你病危時，身同感受你的痛苦，他／她不會忍心再讓你煎熬下去，而是會為你選擇一個讓你舒服地離去的方法，縱使亦有傷感、遺憾、掛念，但最少不會再讓你痛苦。

每天帶著阿張逛街時，我都會看見一位坐著輪椅的老伯，他的身體一直傾向左邊的椅柄，鼻子插著喉，雙眼只會呆望著前方的地下，輪椅下掛著一泡尿袋，由一個手機不離手的傭工推行「散步」，天天如是。

如果上天給他一分鐘回復健康，之後回復原狀，不知道他會做什麼，說什麼？

每星期我都會在安養院，看到患上不同疾病的院友，兒時高燒引致癱瘓的、中風以致失去自理能力的、患上末期癌病的……他們終日就是躺著躺著和躺著，講不到亦走不動，有些甚至連由病床轉坐輪椅的力氣也沒有，「幸運」的，一兩年後便可以解脫，不然好像其中一位院友，他的母親跟我說，今年他已經躺在這裡第二十四個年頭了。

　　如果上天都給他們一分鐘回復健康，之後回復原狀，不知道他們會做什麼，說什麼？

　　狗在病危的時候，人可以決定狗可否安樂死，但人在病危的時候，為什麼又不可自決？就是因為硬要說「不可排除任何康復的可能性」、「不能決定他人的生死」等冠冕堂皇的話，而要病人在長期的痛苦下死去？唯一的解釋，就只有是他們可能在上一世犯了彌天大罪，今世有此報應，否則，他們為什麼要承受著比今世犯上彌天大罪而要問吊、打毒針、坐電椅的死囚更難受的折磨？

　　放心吧，阿張，我不會讓你受苦。

　　但我可能也自身難保。

17 狗主都是拐騙集團

我經常地想，
阿張有一天能否會重遇牠的老爸老媽或是兄弟姊妹？
若果真的重遇又能否相認？

有一天，聽到有位朋友突然觀音上身，說：「其實做狗都很慘，一出世就要母子分離，流落異鄉做孤兒。」我第一時間覺得她是否提早母性大發，但想深一層，她的話又不無道理，幼犬剛從母體出來只有幾個月，子女便各自被賣到世界各地。換了是人，這不是家庭悲劇是什麼？

話說阿張出身自日本熊本縣，當時牠的娘親一胎四隻，其中一位就是阿張，當地的狗販遂把牠們剛出世的相片上載；遠洋的另一方，有一位失戀女專家，名叫吳伊諾，經常說對男人絕對死心（但死心期最多只會維持一個月），當時眼見家中的四面牆裡就只剩下自己，才三十多歲便擔心餘生要在孤獨中度過的時候，於是上網瀏覽有沒有投緣的狗狗可以相依為伴，相伴終生，於是，阿張與她，就這樣接上了。

我也因為是吳伊諾的摯友，與阿張也聯繫上了。就這樣，根據那位愛狗之人的有感之說，熊本縣的狗商是狗隻販賣的元兇，失戀專家吳伊諾就是人口販子，而我就成了人口販子的幫兇，即是擄走阿張的其中一名拐騙集團份子！

　　然而，看著那傻頭傻腦的阿張，似乎對自己的身世一無所知，而且還視那個人口販子與騙子如親人般看待，亦即是說，一個只有歲幾的傻仔，不但不知道親生爹娘是誰，更荒謬的就是這個傻仔視這兩個人口販子和騙子為他的再生父母，可以想像，這位男孩長大並認清了事實後，發現兩老不但不是他的親生父母，而且還是一手拆散其家庭的元兇，這會是一個何等經典的倫常大悲劇！

　　我經常地想，阿張有一天能否會重遇牠的老爸老媽或是兄弟姊妹？若果真的重遇又能否相認？這個機緣不是絕對渺茫的，一隻柴媽一生可以生的柴仔柴女何其多，販賣柴犬的商人何其多，喜歡柴犬的香港人何其多，基於養狗只是希望填滿內心一時空虛的女人何其多，好像我這樣不想負責任但又要養狗的人又何其多，所以我深信機會是有的，只是緣分未到。

　　根據阿張與其他狗相處的紀錄，簡單總結就是一塌糊塗：看見比牠身型細的，阿張多數會變得飛擒大咬，經常想霸王硬上弓；看到比牠身型大的，阿張就會變成出來行走江湖的老大，先聞聞對方打聽虛實，再與對方互劈廝殺，尤其是牠每次看見同類，更加無分男女老幼，見面時都是惡言相向，互相「青」對方，所以每次遛狗時，當看見離岸有另一隻柴犬走近，我都要提早收緊狗繩，以防牠們公然幹架。直至今天，我還未看到阿張遇上其他柴犬的時候，可以以禮相待，這或者證明，牠至今仍要過著與親人離異的命運。

雖然我是拆散你們一家人的幫兇，我也不知道這齣經典倫常大悲劇在將來會否出現，但我深信即使有一天，你與家人相認，你也不肯跟牠們走，理由再簡單不過——毋須苦幹便可以狗碗常滿，閒時除了睡覺就是睡覺，平日在舊家有人口販子親親，萬千寵愛，假日又可來到東宮度假，加送由拐騙集團份子帶你拈花野草的活動，這種生活糜爛、荒淫無道的生活，還可以在哪裡找到？

狗皇帝?!

18 遛狗也是一種哲學

工作賺錢、運動強身是必須的，
但期間亦應該停一停，用走路的時間沉澱一下，
思考一下自己做的是否屬於自己喜歡做的？

　　最近看了一本比這本更沉悶的書，講述關於走路期間悟出的人生哲學，單看這個賣點，便覺得就算揭開了第一張空白頁也很難撐下去，但最後我也把它看完了，這才發現，原來要從悶蛋當中挑出樂趣，比起在令人興奮期待的事情中發掘樂趣，那種意外心情更令人喜出望外。

　　這本名為《走路，也是一種哲學》的翻譯散文內容跟書名一樣簡單，一句撮之日：從與生俱來的走路行為思考和引發個體的人生價值與動力。

　　講完！

　　還記得村上春樹的《關於跑步，我說的其實是……》，以「跑步」為題材便可以寫成一本書，已經匪夷所思，而我覺得比之更甚的是這本《走路》，沒有了跑步的準備、速度和限制，只是以人類與生俱來、毋須任何技巧便可以做到的走路行為作為題材寫成一本書，對於大腦經常處於真空狀態的筆者來說，這簡直就是神級，莫怪乎阿占在電臺節目中經常說：「不如倪匡都用『呼吸』寫本書啦！」

　　筆者不能對《走路》這本書進行簡介，正如資深香港作家何福仁先生在一個討論散文的講座中說道，「簡介」不能真正簡介一本書，這根本不能客觀地了解全書的內容，況且如果簡介真的可以做到簡介的功能，那這本書的可觀性亦可想而知。

　　但請不要被「哲學」兩個字的書名嚇倒，其實此書內容蠻貼地，就如作者斐德利克・葛霍寫到：

> 很多事是我們自找的，是我們強迫自己做的……工作上班，累積財富，覬覦某某職務，為別人的事煩惱，要趕去看個什麼，要邀請某某人……就連休閒時都非得要做點什麼：劇烈的運動健身，奢華的餐宴，不斷趕場的夜生活，五星級假期……人們把它稱為「人生」，而忙碌到最後，除了憂鬱或死亡，也沒有別的出路。只有走路才可以讓人找回存在的純粹感受，重新發現活著的簡單幸福。

　　上述的「忙碌」，你中了多少個？會否因這些「忙碌」而忘卻自己？或者你會質疑作者太偏激，莫非工作、運動也不做，天天去走路嗎？

　　我相信，工作賺錢、運動強身是必須的，但期間亦應該停一停，用走路的時間沉澱一下，思考一下自己做的是否屬於自己喜歡做的？只為忙碌而忙碌，最後發現枉過人生，這才是作

者希望給讀者帶出的警喻。

另外作者又說：

> 閉關在四壁之間、插枝在座椅上的作者寫出來的書凝重
> 而難以消化。那些書只會是重複別人說過的話的綜合產
> 物，就像被強制餵食的肥鵝，沉重、肥胖、乏味、艱
> 澀……只有透過走路，才可解放思考，思考越是輕盈，
> 它就越能浮升。

我不就是這樣嗎？我不知道自己的文章是否凝重和難消
化，但我的確每天都待在四壁之間，長期插在座椅上，而且重
複著村上春樹、阿占、何福仁先生和作者的說話來當作自己的
文章，那我的書豈不就是作者指的「肥鵝」？

所以，由今天開始，我決定積極考慮創作另一本比《走
路》和《跑步》擁有更深一個層次的書作……就暫定為《關於
遛狗，我說的其實也是一種哲學》吧！遛狗是走路的一種，而
且遛狗可以走著遛，又可以跑著遛，內容肯定比上述兩本書更
豐富……

問題是，阿張的哲學就是終日忙著睡、吃、拉、擒、撲、
咬、吠，這就是牠的一生，還有什麼好說？

新書構想暫時擱置！

19 寵物信箱

遺棄寵物，
可能是因為牠對你的愛，比男朋友給你的愛更多，
為免發生人獸戀等變態之事，決定及時終止彼此的關係。

原來社會發展急促，連帶感情發展也急促起來，以往的情感是由一點一滴堆積，細水長流，現在感情的培養不單要講求效率，放棄原來更易：由以前的寵物信箱，發展至嬰兒信箱，到早前有日本社會學者提出的老人信箱……自問跟不上，完全脫了節。

記得兒時住在美孚的時候，樓下設有一個約三呎高、一呎闊的綠色大木箱，下面有兩道扇窗，上面有一個蓋，內裡分成兩格，給那些棄養者把寵物放在這裡，再由有關部門處理。那時候不知道為什麼總會有動物被困在內，只是經過的時候便會蹲下來，看看扇窗內有沒有狗、貓、兔，有的話便會看看牠們，感覺友善的便會伸著手指撥弄一下逗牠玩。參觀寵物信箱是我兒時上街玩其中一個重點節目。

後來發展的嬰兒信箱，就是希望那些決定不再「飼養」兒女的父母親不要把他們丟在馬桶或垃圾桶，而是適當地放在有人看顧的地方，雖然有不少人反對這種設施，認為是助長了棄嬰的風氣，但說到尾，總好過讓一條生命淹沒在屎尿汙物之

中。至於老人信箱的情況也是一樣，只是被放棄的對象換了是父母而已。

我不是在鋪排述說自己是如何善心，呼籲不要放棄寵物、我們要珍惜生命、孝順父母云云，反正這個世界就是這樣，想像與想像不到的，什麼人都有，善心、愛心、責任心？對於某些人來說根本就是廢話，生存就是生活，要有好的生活就要放棄和剔走所有妨礙自己的人和物，懶理與自己相處已久的寵物，懷胎十月從無到有的生命體，甚至是為了自己勞碌一生的父母，只要是自己處理不到的，影響到自己的，什麼也可以丟棄，丟棄寵物、嬰兒、老人家，把他們「安頓」在一個會有相關人士來處理的指定地方，便覺得心安理得，皇恩浩蕩，就好像讓這些荒謬的事情設下了一條底線，令荒謬變得不至於極至荒謬，就是現在的社會現象。

要探討棄置牠／他們的原因，可以寫一本書，現在學會了凡事都要多面看，不要再好像以前一樣，以自己的標準看事、對人，所以，對於一些百思不得其解的現象，我都會嘗試以另一個角度重新思考：

遺棄寵物，可能是因為牠對你的愛，比男朋友給你的愛更多，為免發生人獸戀等變態之事，決定及時終止彼此的關係；丟棄嬰兒，可能是因為看到剛出孩子的樣貌，怎麼跟老闆猙獰的面目一模一樣？一早想辭職不幹，現在終於有機會跟老闆說：「混蛋你去死啦！」；嫌棄老人，可能是因為不忍心他們

自小到大照顧著自己的飲食和日常生活，但換來的待遇卻差過傭人，於是索性拋棄他們，好讓自己下定決心，自力更生。

如果從此方向解釋這等遺棄之事，那便不難預期，將來的街上還會出現更多窩心體貼的信箱，例如為被狠甩的情侶設立失戀信箱，為經常放飛機的朋友設立失約信箱，為被老闆炒魷的員工設立失業信箱，還有失身信箱、失憶信箱、失常信箱、失禁信箱……等，亦只有循此等荒謬的角度，才可以解釋那些人的荒謬之舉。

20 人不如狗

看著阿張傻頭傻腦的，相信一定不會知道幸福為何物。
其實，又有多少人知道？

一直喜歡充滿鳥雀聲的早上，那種城市中只得自己一個的
難得孤獨感，旁邊少一點汽車，街道少一點怨氣，呼吸的空氣
中再沒有夾雜著二手煙，腦袋亦得以淨化，想想牠，想想她。

相同的街道，不同時間會有不同景緻，相信除了麥當勞二
十四小時都會有人吃漢堡，世界上不會有一個地方會是二十四
小時都不變的。正如早上帶著阿張去牠最喜歡的狗公園，便有
不一樣的景緻。

這個狗公園位處一條行車天橋橋底，園內有一些座椅、高
低鐵欄、拱型石道、狗廁所和狗糞收集箱等。下午時分不難看
到住在附近的狗主帶上他們的「愛駒」在此狂奔，有時遇上人
多狗又多，天橋上車輪輾過凹凸瀝青路面產生的聲音，加上天
橋下的人聲、吠聲，再撞著天橋底部反射的迴音，嘈吵聲堪如
街市。

阿張對此當然樂此不疲，而且牠總會不理會其他狗女喜歡
不喜歡，只要「順眼」的便會狂追不捨，我每次都要時刻留意
著牠的鹹濕程度，若感覺阿張毫無廉恥地意欲做出當眾強姦的
行為，便要立刻跑去制止，免得我被其他狗主白眼；有時阿張

遇上情敵要張牙舞爪，露出整排牙肉兇神惡殺的時候，我又要在大家打起來前趕緊把牠們分開，始終阿張的狗主不是我，讓牠全身而回到真正的狗主身邊才是我最大的責任，其次是，我太明白阿張了，牠每次發老脾的時候都只是裝裝樣子，因為我看過牠連一隻比牠小一個頭的吉娃娃也打不過，阿張扮惡即是等如向我求救……白天的狗公園就是這樣混亂。

　　早上約六時，這個狗公園會變成了另一個地方，天橋上沒有太多車輛經過，阿張亦懂得放慢腳步閒逛，地上偶然會飛來幾隻雀鳥來啄食，還會哼唱幾下，正當感受著這片閒適，這時才發現，一位伯伯早已躺在盡頭鄰近狗廁所的座椅上睡著覺。

　　他沒有其他隨身用品，只穿上風衣、牛仔褲，毛帽蓋過了眼睛，面向著石牆蜷縮睡在一塊用紙皮墊著的座椅上，相信他已在這裡睡了一整晚。一周如是，下周如是，下月亦如是，同一個人，同一個睡姿，同一張座椅，變得就只有天氣，由夏天睡到冬天，當我還穿上兩件發熱衣加羽絨的時候，我還不見他特別添了其他外衣，甚至連被也沒一件。

　　記得早前有一位「街友牧師」，每星期都會在深水埗街頭睡一晚，即使後來妻子病重甚至離異，他亦堅持前來感受露宿者的生活。我當然沒有這份慈悲之心和能耐，但每朝早上看到這位伯伯蜷縮著的背影，多少也會感受到當中的辛酸。我不知道他是因為沒屋住、家庭糾紛抑或其他原因，為什麼選擇睡在這裡，但相信沒有人喜歡露宿街頭。還記得那位牧師說過，那

些深水埗的露宿者「人不如鼠」。我會說：人不如狗，最少這位伯伯不如阿張般，毋須擔心兩餐，毋須睡在寒風凜凜的狗公園裡。

看著阿張傻頭傻腦的，相信一定不會知道幸福為何物。

其實，又有多少人知道？

21 串燒三阿伯

每當有一次看到三缺一，甚至只剩下一位老伯沉默呆坐那裡，
我便會替缺席的伯伯擔心起來，
未知他是否沒空，還是身體抱恙來不了。

　　每次在星期六早上遛狗的時候，也會看到三位阿伯晨早便
開腔暢談逸事，不曉得他們是否日日如是，但周周卻確實如是。

　　不養狗也不會留意，原來香港的「不准文化」除了限制
市民的正常活動，對狗也一樣諸多限制，有很多地方原來也標
示著「不准攜犬入內」。寒舍附近有一個海邊公園，尚算得上
風光明媚，景色宜人，但就是不准帶同狗隻入內，遛狗者只能
在外圍馬路旁邊的行人路上行走。早上帶著阿張的時候，我和
牠便要被「流放」在這條行人路上，由於行人路的右面只有馬
路，所以眼睛只會留意著左面公園的景色。在這個日光初照的
時候，眼睛要靠上在公園中跑步的美少女抖擻精神，但除此之
外，我亦會照例找尋串燒三阿伯的蹤影。

　　這三位阿伯不知道是否孿生兄弟，因為他們由樣貌、身
型、坐姿都是一個調：三位年過七十的老伯都有著濃密的銀
髮，臉型略帶瘦削，卻同樣有著一個大大的啤酒肚，不過形象
最突出的都是他們的坐姿，每次看見三位老伯的時候，他們都
是撐開大腿，手杖就放在兩腿之間，然後雙手疊在手杖頂端，

他們的腰挺得蠻直，完全不會靠在椅背上，遠看就好像三位仁兄一起在如廁一樣，挺搞笑。他們每星期也會聚首一「椅」，中氣十足地高談闊論，有時會以專家口吻預測世界的經濟發展，有時會扮演著解開香港政治死結的聖賢，有時又會感慨地說自己年事已高，未知還有多少日子欣賞眼前的景色云云。

我不是每星期也帶著阿張特意來偷聽他們的高論，只是每次經過他們座椅的時候，就只是那十秒的時間，即使你整個星期也不買報紙、不看新聞、不上網，你也會知道那個星期的時事重點，什麼新聞最快最新、哪個動新聞最勁最真，都不及這三位老伯的即場報導吸引。

無可否認，除了跑步中的美少女，我每次來到這個公園旁遛狗的焦點都落在這三位老伯的身上，有時候我甚至在遛到他們附近的時候，會放慢腳步，目的就是想多聽聽他們既客觀亦主觀、似非而是的時事論點，甚至對自己和人生處世的看法，每一次走過都好像裝載了一些東西一樣，很滿足地離開。久而久之，現在就連阿張也開始習慣，當牠走到海邊接近第三排座椅的附近，會懂得配合我，抬頭看看我後開始放慢腳步……

或者早前經常看到這三位阿伯坐在一起，每當有一次看到三缺一，甚至只剩下一位老伯沉默呆坐那裡，我便會替缺席的伯伯擔心起來，未知他是否沒空，還是身體抱恙來不了，直至下一次又看到「全家幅」，聽到他們依舊中氣十足，自己也好像鬆了口氣。

我可以繼續欣賞他們的高論，但更難得的是，他們已經年紀老邁，還可以有固定的老朋友，定時定候聚首一椅，談東論西，試問有多少人可以做得到？莫說是他們，就算現在的我，要找兩位朋友定時定候出來談心也難，很難想像我不幸地有這三位老伯年紀的時候，到時連身邊的阿張也早早老死了，只有自己坐在海邊的第三排座椅上孤獨終老，想一下也覺得悲涼。

22 新宿小媽

阿張是我的兄弟，完全不能跟那群小媽相比，
我甘願一輩子給牠庇蔭，而不是那群小媽。

那天的朝早，我坐在海濱碼頭的座椅上，當時晨光已照射
在我的背面，影子投射在我的正前方，阿張就坐在那唯一的陰
暗位置，初時我沒有留意，直至我換了一下姿勢，倒影轉移了
一點，阿張看看我，再慢慢挺起身子，坐在我新的影子中，這
時才發現牠這個令人會心一笑的行為。

這令我想起了在新宿的一個相同經歷。

當日也與那天一樣，風和日麗，陽光煦照，於是決定和
另一半前往木更津，再轉車到富津岬吹吹風。查核巴士時間表
後，生怕一小時的車程中沒位子，於是便提早廿分鐘到達巴士
站等候。順利地站在巴士站候車區的前列，當時晨光斜照，我
的倒影就好像長腿叔叔般被拉長，本來懷著開朗和期待的心情
在等車，但很快便被一群廣東話兵團打沉。

或者香港人在平日的生活中抑壓得實在太厲害，難得有假
期到外地，自然興奮莫名，盡情釋放，這完全可以理解，不過
有部分香港人的說話和行為，實在跟香港人最喜歡批評大陸人
的說話和行為沒有兩樣，如果香港人把大陸女人稱為大媽，那
我把那群一行六人的港女稱之為「小媽」相信也不足為過。

我認定這班小媽沿自香港，除了因為她們都操著流利的廣東話，就是在車站的遠處已經聽到她們完全蓋過早晨雀鳥聲的音波，而且說話內容差不多句句如是，批評這，不滿那，把正版的香港怨氣氛圍完完全全地帶到了新宿。當她們爭拗完畢，再指指點點地急步朝向車站，我已經預計得到這一小時的車程有多糟糕！

不過最過癮的還是在候車區，不知道她們是否誤認了看到站在車站前列的我們是日本人，小媽群完全沒有避忌繼續以廣東話高談闊論，其中有一位戴著太陽眼鏡的小小媽，她是小媽群中最多話之人，看到站在她前面的「日本人」居高臨下，於是毫不諱忌地說：「今次走運了！這傢伙像燈柱一樣，站在他後面，免得曬傷臉！」其他小媽見狀，亦不服輸站在我的影子裡，但鑑於本人真的如她所說「燈柱一樣」，即使影子被拉長，亦容不下這麼多「小」媽。

另一半沒有我般暴躁，而且耐力較高，看罷，忍笑忍到下車後。她憶述剛才候車的情形，說：「她們剛才在車站時好像在玩老鷹捉小雞遊戲，她們是小雞，你就好像母雞，你向左移，她們便跟著你左移，你向右移，她們又跟著……」我半發脾氣地回應：「妳就是那隻老鷹！」

王貽興曾在電臺節目中說過：「花上這麼多錢到外地旅遊，其中一個原因就是想避開你們這班香港人，現在又給我遇上你們，那我為什麼要去旅遊？」

感同身受。

　　或者你會覺得我孤寒至極，連一個影子也不願借給別人，卻願意借給一隻狗。

　　首先，這不是願意不願意的問題，她們完全是做著騷擾其他人的行為，現在回想起來，也幸好那「燈柱」是本人，否則換了是真正的日本人，不知道又會否看眨香港人；再者，阿張是我的兄弟，完全不能跟那群小媽相比，我甘願一輩子給牠庇蔭，而不是那群小媽。

　　某程度上人真的不如狗，最少阿張不會在我的影子裡亂吠。

23 當牠是我唯一的朋友

每一晚我跟阿張梳毛和刷牙的時候，
都會聯想到那一幕……尤其是冬天的那一個晚上。

經歷與阿張的第一個冬天，才知道柴犬都會換毛。

還記得在不知看過多少次的電影《我是傳奇》（I am Legend）中，那頭狼狗Samantha為了保護受傷的主人Robert Neville（威爾史密斯飾演），奮身擊退其他異獸，自己卻不幸受傷並感染了致命病毒，當Robert抱著牠返回地下實驗室，嘗試注射一直未能成功研製的解藥，那時只看到Robert坐在地上，一面抱著Samantha哼歌，一面撫摸著牠，手上掃落的是一撮又一撮的毛髮，翻起牠的唇，發現牙肉間已開始長出非一般的血紅利齒，這時，Robert知道，剛才注射的解藥未能抑制病毒，Samantha開始由溫馴乖巧變成嗜血殘酷的怪物，牠亦逐漸在Robert的懷裡露出面目猙獰的樣子，更嘗試噬咬他，這時，Robert可以做的，就只有凝著天花板，含著淚，雙手掐著手中不斷掙扎的Samantha，直至世上「最後的一個朋友」慢慢窒息死去。

這一幕對我印象深刻，不只是感受到男主角悲痛與絕望的心情，而是每一晚我跟阿張梳毛和刷牙的時候，都會聯想到那一幕……尤其是冬天的那一個晚上。

　　每晚外出回家後，阿張都會老神在在，因為牠知道奴才又會給牠來一個很乾爽舒適的梳毛和刷牙服務，雖然每晚如是，但今晚牠甩的毛特別多，平日的毛刮擦十次才會布滿毛髮，如今梳兩三次的毛刮已變成毛球；拿起牙刷，擠上牙膏，再翻起牠的上唇，看到那些牙肉與利齒，更令我想起那隻狼狗Samantha被感染的一幕。我跟阿張說：「你是不是Samantha？你說！」突如其來的問題，阿張還以為我在罵牠，我看著阿張，阿張看著我，無動於衷，過了幾秒，懶得理我，繼而伸出長舌，不斷舔那些留在鼻子上的牙膏，舔得津津有味。

　　如果真的有一天，人類被大規模感染而變種及死亡，剩下的就只有阿張和體內擁有病毒抗體的我，相信這會是一個比悲劇更悲的悲劇，除了因為我沒有威爾史密斯的帥氣和一身肌肉，也不是病毒學家之外，阿張與Samantha更是兩碼子的狗。阿張天性懶惰，絕不會與我一起在跑步機上跑步，牠不知道如何做我的打獵拍檔，不懂得偵察屋內有沒有變種人，不會有耐性伏在航空母艦的甲板上陪我打高爾夫球，更不會指望牠會捨身替我擊退其他異獸。一個白面書生加一隻只懂吃和睡的柴犬，苟延殘喘於這個世界，豈只是一齣悲劇？

　　撇除這種天馬行空的故事，其實這齣悲劇的結局極可能在現實世界中發生，因為有一天，所有親人和朋友都可能逐一離你而去，就連剩下唯一的狗友都病入膏肓，要你決定為牠安樂死，當最後的一個朋友都離你而去，及後的世界就只得你一

個，縱使街上的行人依舊熙來攘往，你仍會泛起與劇情一樣的
強烈孤獨感，想起也難受。

　　還是覺得我死先有著數。

24 狗都不如

狗懂得愛人，甚至比人更懂得愛，
因為牠們無分你是人抑或其他，只要對牠好的，
相處得到的，牠便會選擇去愛你，而且會愛你一生一世。

狗懂得愛人，甚至比人更懂得愛。

不知從何時開始，人便喜歡把狗變成了貶義的代表，除了蛇和鼠，狗是慘遭被看扁的動物之一：豬朋狗友、狗尾續貂、狗眼看人低、狗嘴吐不出象牙⋯⋯就連罵人都要罵他狗都不如。莫怪乎經常看到有很多狗狗走失的消息，或者就是因為牠們聽到有人這樣貶低自己，寧願做一隻「走狗」。

我不知道下次當我遛狗的時候，家中這頭柴犬會否因為不滿我而藉機做一隻走狗，但從昨天的電視機上看到有關狗肉節的新聞後，相信牠會乖乖地留在家中。

我在意的不只是在畫面上的恐怖情景，更在意平日視世事如浮雲的阿張的反應，當電視機傳來狗吠聲的時候，牠突然如臨大敵般從蝸居中彈起來走到電視機旁邊，四腳蹬直，雙耳豎起，眼不轉睛地一直看著螢幕，直至女主播報導完畢，牠從鼻裡噴出了一道很短促的氣，看看我，再看看電視機，情緒又回覆平靜，然後徐徐地放緩了腳步走回牠的安樂蝸中，牠沒有其他多餘的動作，只是在蹲下來蓋上眼皮之前，如偷窺般向上再

看一看我，最後安穩地睡牠的覺。

　　當時，牠瞪著新聞報導那一刻，我真的以為牠是一個人！

　　你不愛牛，所以對吃牛肉沒感覺，你不愛豬，所以對吃豬肉沒感覺，但你不會選擇吃狗肉，因為你對牠有感覺，而這種感覺就是來自不一樣的愛。牛、豬都有愛，但只在於照顧同類，狗不同，好聽一點似耶穌，因為牠們都博愛，難聽一點叫濫情，牠對有興趣的任何物種都會猛嗅狂舔，就如在網上經常看到的貓與狗、狗與鴨一起生活玩耍、形影不離的搞笑片段，甚至到現在我依舊懷念《狗狗猩猩大冒險》[4]。狗懂得愛人，甚至比人更懂得愛，因為牠們無分你是人抑或其他，只要對牠好的，相處得到的，牠便會選擇去愛你，而且會愛你一生一世。這方面人的確不如狗，試問現在有哪個人可以擔保愛你一生一世？

　　自呱呱墜地開始，就一直以為愛如空氣，想要多少有多少。到了工作後、戀愛後，才發現別人給自己的愛少了，就連自己付出的愛也少了，當愛變成了奢侈品，於是開始學習珍惜。人大了，更應該懂得珍惜，因為可以給自己愛的人會相繼離開，剩下的愛僅夠存活。現在，有牠依偎在自己身邊，充填愛的氧氣瓶，實屬萬幸。

4　日本綜藝節目《狗狗猩猩大冒險》中，明星鬥牛犬「詹姆斯」和黑猩猩「小龐」。

　　但有些人卻不懂得珍惜，反而選擇放棄和摧毀，我不清楚棄狗和宰狗的人擁有的愛是否已經多至滿出來，抑或他們連做人的本性也泯滅得一乾二淨，但請以後不要罵人「狗都不如」，因為這貶低了狗的地位，狗一直都優於人，因為牠們都懂得愛。

25 我還不夠愛

如果在街上看到一些漫無目的在流浪的病狗、老狗，
我只會凝望著牠，施予同情眼神，然後拂袖走過，
我沒有勇氣上前看看牠的狀況，甚至抱起牠帶回家中飼養。

「你有多愛我？」

如果你也答過甚至問過如此深奧而又膚淺的問題，那麼，
「你有多愛狗？」相信也難不倒你。

我喜歡狗。就以阿張來說，雖然只是牠的哎吔主人，但
我依然緊張牠的一舉一動，不見面時會不習慣，還有點記掛著
牠，有時看著牠納悶的時候，便會把牠抱起，自己一面按動鍵
盤工作，一面看著牠呆呆的跟著我看著螢幕的傻樣子；當牠伏
在地上，我又喜歡把自己的臉壓在牠的臉上，這時牠便會合上
雙眼裝著睡覺。我喜歡狗，比喜歡女人更甚，不只是阿張，還
有秋田、拉布拉多、牧羊、古代牧羊、黃金獵犬……如果在街
上有一位美女走過，同時又有一隻我喜歡的狗走過，率先吸引
眼球的肯定會是後者；我喜歡狗，每次看到有關狗的搞笑片段
也不會放過，因為當日往往只有這一click才能帶給我一下會心
微笑。我喜歡狗，就僅此而已。

但這不算是愛。

我喜歡狗，但不是每一個品種也喜歡，我至今仍不太習

慣看著一位高大的男士拖著一隻嬌滴滴的貴婦狗在逛街，雪橇狗的眼珠總是給我不自在的感覺，看似溫馴的藏獒，我總是覺得牠只是等待撲擊的機會。如果要我選擇領養，眼前站著一頭柴犬和唐狗，我會毫不考慮便選擇前者，又如果在街上看到一些漫無目的在流浪的病狗、老狗，我只會凝望著牠，施予同情眼神，然後拂袖走過，我沒有勇氣上前看看牠的狀況，甚至抱起牠帶回家中飼養……這些我視為對狗種的歧視、慕名於名種犬，甚至見病不救的人，絕對談不上愛狗，相比起其他真正愛狗之人，不但覺得自己渺少，更覺羞愧。

香港有不少團體，專責處理流浪狗，如果你認為他們偉大，那麼有一天我從電視看過的一位義工嬸嬸燕姐可以稱得上是聖人。她在過去二十多年，每天也會風雨不改，獨自上山來到一個動物庇護站當義工，照顧多達一百二十隻流浪狗，燕姐患有心臟和血管問題，但她說過：「我想假如我暈倒，不適宜上來（庇護站），我才會不上來。」二十年，一百二十隻狗，我就連一隻流浪狗也沒有一刻想過照顧牠終生。

我這些所謂喜歡狗的人，算是什麼？

香港演員河國榮先生，他不會選擇買狗，不會選擇品種，更不會介意狗的年紀，最高峰時他收容了十三隻流浪狗，他對收容中年甚至老年的流浪狗，有著一份超越人性善美的執著和理由，他說過：「我們這些年紀，不小了……最怕就是我比牠們先走一步，如果我比牠們早死，哪有人照顧牠們？」狗和人

一樣，踏入老年時最需要的是關懷和照料，而河國榮先生之所以選擇收容大年紀的流浪狗，除了因為牠們已經定性、特別忠心，就是怕自己離去後沒人照顧牠們，這種超脫生死的承擔，才是真正的愛。

我這些所謂喜歡狗的人，算是什麼？

我還不夠愛。

26 買房先要減肥

過著飯來張口，無事耍廢的生活，
只是擁有sit和hand hand的工作技能便可以擁有
如此寬敞的居住環境，以此來說，做狗不是好過做人嗎？

當社會變成龍床不及狗窩，而狗窩大過「毫宅」的時候，這會是一個怎樣的社會？

自己很喜歡看家居裝修設計的節目，喜歡把箇中元素移入自己的蝸居中，又會想像在下一次裝修甚或有機會搬往新居的時候，即使只是一個幻想，也希望滿足一下自己，羨慕一下別人。這個節目大概也做了五、六年，至今發展成一個不知道說是接地氣抑或悲哀的趨勢，就是介紹的家居設計面積愈來愈窄，以遷就當今新房實用面積愈建愈小的「潮流」。

記得有一集的節目介紹了一位新婚男，夢想置業多年，最近終於在大埔買房，而且還是新房，豪花了幾十萬裝修，請來電視臺做訪問，走進一百六十五平方呎的家居中，看見屋主那份自豪與極之滿足的笑容，我真的替他高興，努力得來終有回報，那種可以親手摸摸、充滿質感的喜悅，當刻就好像躋身社會上成功人士之列一樣。同時，我亦真心佩服那位攝影師，可以想像他為了拍攝這個全新的室內環境，他是如何扭盡手腳，把攝影機緊貼對角的牆壁來個最廣角的拍攝，讓觀眾可以感受

到經過豪裝後，這等「毫宅」亦可以擁有豪宅的感覺。

當只是十幾年前香港的四百多呎單位已被稱為「蚊型單位」的時候，十多年後已經要重新定義。聽說屯門有一個全新物件，單位實用面積為一百二十八平方呎，與一個標準車位相若，如果十幾年前四百呎比喻為蚊型單位，那一百二十八呎按比例說可以稱為「蚊頭單位」。以前不是人人都說，選擇在新界區買房，可以住得大一點、舒服一點的嗎？如果連新界區的新樓也變成了這些「毫宅」，是否也代表了香港再沒有地方可以住得大一點、舒服一點？

現在也不太明白，不知道是要降低建築成本，抑或需要遷就水電煤喉管等設計，為什麼一間屋好好的，不可以建築成四四方方，而是要搞到五六七八角形、露臺大過廳，甚至設計出一個蹲下來後廁所門便關不上的怪怪屋？

看來現在要住得舒適，不但要做到似隻狗，而是真的要做一條狗，因為狗窩每分鐘還大過「毫宅」。就以阿張為例，牠的舊家位於灣仔一間四百多呎的舊房，全屋只有牠和牠的女主人，即是說，如果她現在跟阿張割蓆，每人最少都會有二百多呎的生活空間，那阿張的狗窩不就大過很多現在夢想置業的屋主嗎？更幸福的是，牠只是過著飯來張口，無事耍廢的生活，只是擁有sit和hand hand的工作技能便可以擁有如此寬敞的居住環境，以此來說，做狗不是好過做人嗎？

當香港變成做狗好過做人的地方，我們可以怎樣？

　　但請不要灰心，因為做人一定要有夢想，我建議你可以先去減減肥，夢想才有機會成真，因為……

　　如果說「世界真細小小小」，那麼現在的新屋確實「小得真奇妙妙妙，實在真係細世界」，所以要買房必先「嬌小而妙俏」。（編按：取自「世界真是小小小」粵語歌詞內容。）

27 翻肚乳豬鼻長嘆

這一下鼻長嘆是什麼意思？事前那四、五秒的凝望又是什麼意思，
是否在猜度我會否帶牠去逛街，
當發現美夢成空的時候來一下鼻長嘆以示抗議？

　　每隻狗都會有一些獨有的怪癖，原因不明，不過我覺得亦
毋須刻意尋求原因，因為有時就連人也會有動機不明的怪癖或
行為，何況是一隻狗？我不知道阿張的怪癖——鼻長嘆——是
不是獨門真傳，但至少我還沒在認識的狗家庭中聽聞過。

　　阿張兩歲了，有人說即是代表人齡約二十二到二十四歲，
這位表面上入世未深、只顧玩樂和惹事生非的小伙子，雖然
一日二十四小時中的二十三小時五十九分鐘裡都表現出一副愛
理不理的樣子，直至有一刻我聽到一聲長嘆，我便開始有點擔
心，兼帶有一點錯愕。

　　我有很多不好的習慣，其中一個就是經常嘆氣，有時是出
於遇到無奈的人和事，有時卻事出無因，總之是長嘆一口氣，
心裡便好像可以呼出一股鬱悶，心境也可以好像得以開懷一
些，但這對別人來說絕不是一件樂事。

　　嘆氣某程度上是負面的情緒表現，別人不會明白你嘆氣的
原因（亦沒有責任理會你嘆氣的原因），在他們的眼中，只是
無緣無故被迫接收你的負面情緒，這是要不得的。就如我，嘆

氣的習慣一直沒有改變，直至有身邊的人開始關心自己，才發現這種不自覺的行為其實蠻自私，尤其是沒有原因長嘆一口，口中說沒有原因，其實這已令對方擔心不已，甚至會令對方以為自己有心事卻不願或不值得跟她分享。為免產生誤解，近年我已經努力改善這個惡習，但江山易改，在一個人的時候，我還是有「喘大氣」的習慣。

狗會懂得模仿人的行為，但我不太肯定剛剛又睡到翻肚的阿張是否也有這個本領。最近不時聽到牠鼻長嘆，究竟這是來自我的惡習，或是牠好像早前有人說過，經常嘆氣可能是慢性阻塞性肺病的病狀？我曾經因此問過獸醫，他說如果只是偶然發生也是正常。

阿張是否經常鼻長嘆，確又不盡是，數埋也不過十次。牠只會在日光的時候才會這樣做，而且事前都會有一套指定動作：先把四肢攤在地上，由上俯視下去就好像一隻烤乳豬放在地上一樣，然後看著我，凝視四、五秒後，見我無動於衷，便會來一下長嘆，繼而把頭伏在兩隻前肢之間，兩眼眼眉左右瞄，不消一分鐘又進入長眠狀態。

這一下鼻長嘆是什麼意思？事前那四、五秒的凝望又是什麼意思，是否在猜度我會否帶牠去逛街，當發現美夢成空的時候來一下鼻長嘆以示抗議？還是牠真的有心事甚至情緒病，感慨著自己終日過著一些猶如囚犯的苦悶生活，每天屈在幾百平方呎的窩居中，看見同一個人，逛上同一條街，吃同一款味道

的狗糧？

　　在那一秒，我的確覺得阿張其實有點可憐，但當牠以光速睡著甚至變成現在的翻肚乳豬一樣，第二秒我已經沒有替牠擔心，因為回想牠由兒時開始也是如此。終日生活在圍欄中被「保護」，既然維生條件源源不絕，亦自然滿足於此，因為牠根本不會知道自由為何物，既然沒有得到過，又何來有失去之感慨？

　　擁有過自由，卻被慢慢蠶食而懵然不知，就算知道也甘願做一隻翻肚乳豬的人，才是最令人擔心。

28 只會寬恕的金卡

> 阿張當晚異常乖巧，還不斷在舔我的腳趾，
> 這代表著牠患了失憶症，已經完全忘記我上一個小時對牠的喝斥？
> 還是牠早已經原諒了我，甚至在不經不覺間已當我成為了牠的親人？

還記得上一次惡言相向是何時對著何人嗎？

自問EQ還可以，所以很少發脾氣，對上一次已經是兩年前，具體事情已想不起來，大概是因為個人一些積存已久的問題，已經令人煩惱不堪，加上老媽致電來又說了一些近乎妄想程度的過分說話，才會啟動久未發動的爆發按扭，不過即使是進入核爆模式，爆發時間亦不會長，因為我大多會選擇儘快收線或離開現場。

人大了，累積以往多場的吵架經驗，深信雙方時值情緒高漲，在沒有任何一方作出退讓的時候，只會是不斷重複著執意的論點，而且因腎上腺素飆升，即使有理有據亦只會被情緒主導，對事情沒有幫助之餘，更會影響雙方關係，所以我甘願做敗方，寧願事後找一個不會騷擾到別人的地方，用拳頭打向牆壁或樹幹直至鮮血淌地，以宣洩剩下來的鬱結與不滿。

聽罷，朋友有感而言，說做人的子女其實「好衰」，因為很多時候子女只會選擇與父母吵架，相比與朋友甚至同事、上司，鮮來這一套。除非是深交的摯友，任何原因導致任何形式

的吵架，只要經過一次，都會很容易撕裂彼此間的友誼，輕則留下心結，重則絕交不再相見；同事、上司尤甚，任何公事導致口角拍檯，無論孰對孰錯，只需一次，便足以令以後的工作間氣氛逆轉，甚至飯碗不保。

然而，與父母吵架，無論因為什麼事情，誤說了一些令對方傷心的話，甚或事後反省那只是意氣之爭，一晚過後，兩老仍然會問你今天會否回家飲湯。正因如此，做子女的就只懂得一直刷著這張只會寬恕而不會記仇的永久附屬金卡，選擇性地只跟兩老黑臉、沉默或吵架。

朋友這番話，明顯是衝著我而來，可能是他有感而發，又或者了解我吃軟不吃硬，所以兜了一圈之後才婉轉地好言相勸。我接受，也同意，事實亦的確如此，記憶中與家人吵架的次數，雖不至於天文數字，亦不遠矣，至於與朋友、同事或上司吵架，次數近乎零⋯⋯

不是，最近有一次，就是上星期我帶著阿張逛街，迎面而來有另一隻柴柴，狹路相逢，躲也躲不過，雖然兩雄相遇，但雙方的狗主仍希望牠們和睦而過，遂先讓牠們臭臭對方，但牠們似乎都不領情，情勢依然不對，看得出牠們的身體已經變得緊繃，開始嗚嗚示意，牙肉外露，立時氣氛緊張，終於也是打架收場。我也司空見慣，亦預計得到有此下場，拉開雙方距離後再大聲喝止，但阿張依然情緒高漲，不斷想回頭攻擊，還對著我目露兇光，這時我狠狠打了一下牠的鼻子，還痛罵了牠一

輪，罰牠站在原地直至牠的情緒完全平復……

　　這是我跟朋友最近的一次吵架……慢著，阿張當晚異常乖巧，還不斷在舔我的腳趾，這代表著牠患了失憶症，已經完全忘記我上一個小時對牠的喝斥？還是牠早已經原諒了我，甚至在不經不覺間已當我成為了牠的親人？

　　太好了，我又多了一張永久附屬金卡！

29 當她們與黎明跳貼身舞

我實在沒有衝動跟身邊的姐姐們一樣狂呼亂舞。
對於她們來說，或許我只是一根阻住視線的異類燈柱。

今天是星期五，阿張本應會前來我家過上三日兩夜的東宮生活，但牠沒有來，因為我要去找黎明。

記得上一次看黎明是在帳幕風波後搞的4D演唱會，今次同樣在中環海濱舉行，只開一場，沒有特別的視覺和味覺效果，只是換成全場站位。

我不是黎明的粉絲，看演唱會亦是由另一半驅動，但我喜歡他的歌，還記得在大專讀書的時候，不知從哪裡來的勇氣，參加了本校歌唱比賽得到了冠軍，之後入圍聯校歌唱比賽，在AC Hall的臺上唱了《哪有一天不想你》，雖然得不到任何獎項，但已經畢生難忘。到了投身社會的初期，還會有興趣與朋友在KTV流連。但近幾年已絕跡於此，這不只是K歌已不再盛行，問題是我對現在的流行歌曲完全摸不著頭腦，手執遙控器按到「新歌推介」、「流行熱播」，全是陌生的歌手、歌名，不是選擇困難，而是沒有選擇。

更大的問題是當你與一班比自己年輕的朋友一起唱K的時候，他們選擇的會是林奕匡、JW甚至K-Pop歌，而自己只會按下四大天王時期的作品，情況就如在我年輕的時候，聽見長輩

不停在K歌房唱粵曲，完全嚇傻了一樣。時至今日，風水輪流
轉，比我年輕的朋友未至於聽我唱《帝女花》，但我總是會唱
《送你一瓣的雪花》，我還不至於會選《鳳閣恩仇未了情》，
但一定會唱《如果這是情》一樣，K歌這個活動對於我來說，
已經變得有點尷尬，甚至相當尷尬。

　　因此，難得黎明開演唱會，再沒有了那句「沒聽過耶！」
的反應，換來的，是周圍一樣熱情、一樣年紀的粉絲。我買的
是中價票，位處中後場的C2區，雖然離主臺有約百米距離，但
黎明也經常跑去不同方向的花道，盡顯親民形象。六萬名觀眾
就這樣冒著寒風站在中環海旁，熱情狂歡，氣氛與福山雅治演
唱會相似，不同的只是換來香港風格式的怨言：「為什麼前面
的人長得這麼高？」、「為什麼音響那麼差？」、「看不到黎
明，退票啊！」……

　　話是這樣說，但身邊的姐姐們的情緒依舊被偶像的一切言
行牽動著，尤其是在節奏強勁的快歌中更會自high來個原地狂
跳，由於已經十分擠擁，我的另一半早被擠到前面，而留在後
面的我卻不斷被左、右、後方的姐姐們上下磨擦，我除了聽到
強勁音樂，還有衣服間互相磨擦的沙沙聲，感覺就好像公然背
著另一半與其他女人跳貼身舞的感覺，不過我完全沒有半點興
奮，不是因為她們顏值不足，而是真的發覺自己實在不太適合
看Live，慢熱、內斂加上一把年紀，我實在沒有衝動跟身邊的
姐姐們一樣，狂呼亂舞。對於她們來說，或許我只是一根阻住

視線的異類燈柱，即使載歌載「舞」的黎明看到我站在臺下目
瞪口呆、原封不動，相信亦會不是滋味兒。

我還是喜歡對著阿張狂歡亂舞，對著牠一臉無奈的表情大
唱《我愛ICHIBAN》！

開始有點想念阿張。

30 批評人先批評自己

〜〜〜〜〜〜〜

其實狗的所有行為，都是人的責任，
牠的行為出現偏差，我責無旁貸，為什麼牠經常扯繩？
為什麼牠不能與其他狗好好相處？這都是人的責任。

有人的地方就會有問題。

無論在兩人間的相處、朋友間的聚會、公司的茶水間，以至政治範疇，話題總是離不開人，批評這批評那，似乎已成為了家常便飯，但甚少聽到自己批評自己。

事實上，在其他人面前對自己作出批判，實在反潮流。相信現世代生性嫌卑、隨和的人，會被視為等同膽怯、懦弱，因為在每人都爭取抬高正面形象，希望令自己處於自我感覺良好位置中的社會來說，反省似乎已經沒有任何出路。正如我甚少在聚會間，或是聽過有人在政治討論期間突然自我審查，盡數自己的不是。為免太過隨波逐流，我希望定期自我檢討，不時反思自己過往做過的不是（雖然有太多），過程中，阿張給了我一個啟示。

人說狗沒有耐性，當牠嘗試幾次不果後便會放棄，家中的阿張亦然，看見自己心愛的網球滾到沙發的深處，嘗試把牠的狗頭伸進去也失敗後，轉頭就會移情別戀，選擇其他玩具繼續把玩，或索性回到牠的龍床處蜷身就睡，但我從牠的身上還感

受到另一種性格，難聽一點是頑固，好聽一點是堅持，就是每一次帶牠逛街的時候，牠都堅持拉我到狗公園。

　　相處已有一年多，阿張已逐漸適應了我與牠的步伐和習慣，遛狗時扯繩的情況已大有改善，唯獨每次走到那個轉角處的時候，牠又變得異常興奮，因為那條路是通向牠最喜歡的狗公園，每次我假裝不知，牠便總會發出哀號，不斷回望，看到牠，實在於心不忍：「好啦好啦，不要又去惹事生非啊！」

　　其實我不是不想帶牠去狗公園，但十次有七次都沒有好下場。記得上一次牠曾經被公園內大狗圍剿，害得我救駕時弄至小腿傷痕纍纍，這只怪牠仍然未學會與其他狗和睦相處。其實，以人的角度來形容，阿張跟一個暴徒沒有分別，因為牠面對其他同類，就只懂得打架與強暴，自然難以找到朋友。雖然如此，每次遛狗的時候，牠仍然堅持拉我到這裡，不管是否會再次被圍毆，牠仍堅持嘗試認識其他朋友；即使沒有狗喜歡自己，依然執意去用自己的方法跟牠們相處，這位平日只懂吃和睡，好食懶飛的暴徒，擁有我缺乏的性格元素。

　　首先我沒有自我檢討，只懂得說阿張的不是。其實狗的所有行為，都是人的責任，牠的行為出現偏差，我責無旁貸，為什麼牠經常扯繩？為什麼牠不能與其他狗好好相處？這都是人的責任，只懂得批評而不好好管教，那我與其他只懂得批評而不會自我反省的人有啥分別？而且阿張沒有因為過往不愉快的經歷而放棄嘗試與其他狗相處，牠每次路經狗公園的轉角處依

舊執著，好像相信終有一天，牠可以找個交心摯友。

　　我呢？表面上隨遇而安，面對久久不能解決的問題經常會自我安慰：「凡事不可勉強，盡了力便算。」裝成滿不在乎、擁有豁達心境的人，其實我根本不懂得堅持為何物，只是不斷為失敗找藉口，希望站在一個自我感覺良好的高臺上罷了。

　　期待有一天阿張可以找到真正的朋友。

31 還是覺得你最好

當我遇到那頭乖到不得了的黃金獵犬時都會羨慕不已，
甚至看得入神的時候忘記了自己手中仍然牽著的阿張，
但這只是片刻的觸動。

男人喜歡在街上看美女，女人喜歡在街上看「歐巴」，
人之常情，而且姑且不論是單身抑或牽著另一半都沒有太大分
別，分別可能只是前者可以高調地盯著不放，後者則要低調地
進行窺視，方法離不開頭部定著不動，但眼珠跟隨著他／她身
體的擺動而向後滾動。

如果問我是高調抑或低調，我會喜歡低調中有一點高調，
即是低調看美女，但會高調看帥狗，而且特別喜歡看到乖巧的
帥狗，每次看到牠們，我都會凝著神，然後自嘆：「阿張何時
可以學到像他這麼乖？」

特別喜歡黃金獵犬，每逢看見牠那高舉得像塊大旗幟的尾
巴，不論大小，我都會駐足觀看，直至牠離開視線範圍。雖然
牠們生性活躍，但都有著出乎意料的耐性，據稱黃金獵犬可以
待在原地幾小時不動，這或許是基於牠們承繼著祖先靜待獵物
的基因。再者，一副經常好像帶著渴求與笑容的嘴臉，加上天
生一對惹人憐憫的眼睛，令黃金獵犬特別討人喜歡。更令我羨
慕的是，眼見有很多黃金獵犬的主人在遛狗時，都不需要用到

狗帶，牠自會緊隨主人的示意而行動，而且不時會舉頭看著主人，生怕錯過任何指令似的。

人總會有些時候變成了魔鬼，浮現出「別人的總比自己的好一點」的心態。狗如是，人也如是，尤其當兩人感情發展至另一層次，沒有了當初的火熱，而且開始發現自己的另一半越來越多缺點的時候，當在街上看到了別人的另一半，心裡總會有點羨慕之意，羨慕別人的另一半身材應大則大、應細則細，衣著打扮不落俗套，待人接物大方得體，豈只可以入得廚房出得廳堂，走遍全地球也絕不失禮……或許，你真的會有點兒羨慕別人，但我相信大多數人仍然是無悔地繼續牽著現在的另一半。

他／她或者真的欠缺了別人的好，但對對方也要公平一點，世上可以容得下自己的又會有多少個？給你遇到了現在的另一半，實在難，所以理應知足。況且，身材、樣貌不能一世不走樣，就算給你每日對著白、滑、緊、彈的葫蘆身體，也會有油膩反胃之時；衣著打扮的確需要有潮流觸覺，但就算沒有，清潔、整齊、適當的裝束相信人人皆可做到；至於性格，就算一起相處過亦不能說可以百分百了解另一個人，更何況是在街上或席間看到的表面？既然找到了現在的另一半，又與對方早已「發展至另一層次」，除非發現了他包二奶或給你戴綠帽，否則，身邊的另一半，已經是地球中最好的了。

正如遛狗的時候，當我遇到那頭乖到不得了的黃金獵犬時

都會羨慕不已，甚至看得入神的時候忘記了自己手中仍然牽著的阿張，但這只是片刻的觸動。

　　我的柴犬，沒有那頭黃金獵犬的定性，但我就是喜歡你的調皮；沒有牠的憐憫眼神，但我就是喜歡你那對圓滾滾的眼睛；沒有牠的雄糾糾，但我就是喜歡你仍像個小孩子，最重要的是，你了解我的脾性，知道我喜歡和不喜歡的，而我亦相信，世上只有你可以容得下我一起與你相處下去。

　　還是覺得你最好。

32 甘願投胎做你的狗

你不難從養狗的過程中得到愛，這猶如呼吸一樣簡單，
但除了愛，你還可以吸取狗的正能量。

即使老媽聽了不高興，我也早已決定她不會如願抱孫，不
過我相信老媽聽了更不高興的，就是知道我不去花心力去養一
個人，而是去養一條狗。

身邊有兩對夫妻朋友，他們都決定不生孩子，無獨有偶，
他們都擁有最少一隻狗。傳統觀念告訴我們，有父母子女的組
合才稱得上是一個家，才稱得上完整。當然，要討論夫妻的天
責就是要生育下一代的話題，可以講足三日兩夜，但原來要探
究養狗的原因也相當有趣，這不只是「因為牠可愛」，當中更
存在自己也不會留意得到的光明和黑暗面。

養狗是一種寄託。就以不願生孩子的夫婦來說，很容易聯
想到他們養狗是想找一個寄託，甚至是為了彌補傳統觀念上的
不完整。除了情侶，夫妻朝夕相對，就算以前如何愛得熊熊烈
火，身邊的乾柴都總會有用完的一天，為了維持火種不至於灰
飛煙滅，養狗無疑是另一種很好的助燃劑，亦成為了極佳的共
同目標，令雙方重拾話題，最重要是可以持續從養狗的過程中
更深入了解對方，從中學會互相分享、分擔和分憂。

養狗可吸取正能量。正如之前說過，你不難從養狗的過程

中得到愛，這猶如呼吸一樣簡單，但除了愛，你還可以吸取狗的正能量，尤其經過了彼此的磨合期，即是這位毛孩已經與你生活了好一陣子，懂得你的指令，明白你的日常作息，感受到你的喜惡，牠再不會像以前一樣到處便溺，咬爛沙發，做一些令你厭惡的行為，反而開始留意著你的喜怒哀樂，盡力配合與安慰，早期雙方的不適應、灰心，換來了現在彼此間的信任，這時你的狗朋友發放的，只有正能量，為你的工作和生活增添動力。

養狗是一種炫耀。無可否認，養狗需要付出時間，也需要付出金錢，對於生活緊拙的一群確實是一種負擔，所以大部分養狗之人的生活相信都不是過一天算一天，這代表著他們都有著一定的身家；再者，如果在街上牽著一隻人見人愛的大狗，身邊的狗主也好像特別受歡迎，每次看到那頭站起來還高過人的古代牧羊，途人爭相要求自拍便可想而知。

養狗是要滿足控制慾。這種心態與上述炫耀的心態，同樣潛藏在狗主的內心，這很容易理解，正因為狗懂得學習人類發出的指令，牠們會因為學會人類的指令而得到好處，包括從中得到食物和居所，而人藉著狗的服從天性，同時能滿足人類天生的控制慾，甚至藉著控制狗的行為，彌補在現實世界中未能自我掌握的控制慾。

我養狗，不是因為要尋找寄託，因為這個寄託不會長久；我養狗，不是因為要吸取正能量，因為每次阿張在街上失控，

我都會給牠懲罰，過程中只有負能量；我養狗，不是因為要炫耀，因為始終覺得，那種及腰的大狗才有那種威武；我養狗，更加不是為了滿足控制慾，因為有時我根本控制不來，反而覺得我經常被牠控制著。

我養阿張，只是機緣巧合，被迫撮合，加一點點情投意合，就是這樣子。

其實以什麼理由選擇養狗也不要緊，只要從一而終，對於一生只在乎你的牠，相信即使今世投胎做你的狗，也此生無憾。

3

阿張論愛情

緣分令我遇上了阿張，雖然我稱不上懂得照顧別人，但可以盡力對牠
作無條件的付出，希望牠也會覺得，自己有緣遇上了我這個好歸宿，
伴牠終老。

33 我始終喜歡女人

我愛狗，但不是狗癡，亦不會執著在狗身上去獲得或補償愛，
因為我明白要在狗身上得到愛，就如呼吸一樣容易。

不得不承認，養狗是基於一份重拾久違了的愛。

你可以有千百樣理由飼養不同的寵物，養貓愛牠易打理，
養蛇愛牠有個性，養蜥蜴愛牠的誘人身軀，養二奶則愛她易
打理、有個性和誘人身軀……養狗的理由也有千百種，但說到
底，無論選擇養什麼，最希望的都是每天得到對方的一份愛。

在西方社會，很多家人、情侶在見面時，都會喜歡互相輕
抱、親吻一下，但你很少在回家的時候會抱一抱媽咪，甚至親
她一下，因為如果你這樣做，尤其是沒有前例這樣做，你的媽
媽會很擔心你在外邊是否已經失戀、失業抑或精神失了常；情
侶和夫妻間或者也有這個見面禮，但大多只會在熱戀和婚後蜜
月期才會有此舉動，同樣，如果很久沒有做過這樣的見面禮，
而你又突然給她來個擁抱和親吻，對方的心裡只會盤算著：
「你是不是在外邊做了一些對不起我的事？」

或者單純就是最好，每次當我回家打開大門，看到阿張的
尾巴總會調校至十六分之一拍子機般瘋狂搖擺，然後飛撲向你
來個狗抱，甚至用盡口裡所有唾液舔在你的臉上，沒有任何理
由，只是牠的期盼獲得了回報，而人亦因為這個期盼而得到一

份久違了的愛，就是這種被忽視了的重視，便可以解釋得到人為什麼鍾情養狗。

或者世上可能只有狗才懂得給人無止境的愛，這衍生了另一個畸形而悲哀的人種——狗癡。

我不是全盤否定狗癡，因為人的愛可以投放在各方面，而且正因為狗懂得全心全意愛錫你，你全心全意回報給牠也是理所當然的，不過，每次看到一些狗癡的行為，總會令人側目和感傷。

已不是第一次看到一些狗主人為他的愛犬打扮得花枝招展，諸如把牠們染成不同顏色、夏天時還穿上奇形怪狀的狗衣服，又或者因為不捨得牠們在街上被沾汙，要買一部狗車推牠們遛狗……待狗如待人，更甚者聽過一位朋友跟我說：「我養狗後，可以不用再愛其他人了。」

狗始終都是狗，人待狗始終與人待人不同，但明顯他們已把狗當成人來看待，這種不願甚至放棄用心力花在人身上的狗癡，很可能在某程度上對人已經產生了一種不信任或厭惡，而需要把自己的愛放在狗身上的病態表現。他們愛狗比愛人更甚，因為在現實社會中，他們從人身上得不到足夠甚至完全得不到重視，而只有狗才能給他們無盡的愛，以及從狗的行為得到心靈上的安慰和寄託，所以，他們對狗如對人，甘願把全部的愛投放在狗的身上，因為愛狗而放棄愛人，如斯情景，豈不傷感？

　　我愛狗，但不是狗癡，亦不會執著在狗身上去獲得或補償愛，因為我明白要在狗身上得到愛，就如呼吸一樣容易。

　　請不要誤會狗眼中只有你，正如每個周末也會來到我家的阿張一樣，最初我也會被牠的見面禮所打動，甚至因此打動我養狗的決心。但當我有一次叫外賣，打開大門後，牠飛撲向那位四眼麥麥送再密密送秋波之後[1]，我已評定牠是一位濫交成性、萬能插頭、見人就上的那種一放繩便跟人走的寵物。

　　我始終喜歡把愛投放在有個性而不濫交的女人身上。

---

[1]　香港麥當勞的外送服務。此處以粵語發音，「麥麥」與「密密」有諧音之趣。

34 不是打架就是打炮

對於動物來說，牠們基本的天性，就是食物和性交，
讓牠出外接觸一下其他狗女，未嘗不是一件樂事——對於牠來說。

家中的阿張，愛恨分明，尤其在認識朋友方面，牠只得兩
種相處方法：喜歡的就打炮，不喜歡的就打架！

這種美其名是愛恨分明，實際是欠缺社交技巧的性格，
源自牠平日在舊家的生活。阿張的舊家位於偏靜的山區，平日
吳伊諾帶牠出外方便時，沿途幾乎不會遇上任何同類，換句話
說，阿張平日與同類的相處經驗值幾近零，吳伊諾其實也看到
這個問題，所以她亦希望我儘量在遛狗時讓牠多接觸一下其他
同類，累積社交經驗。

「累積社交經驗」，多理直氣壯的理由！你只會希望你的
狗累積社交經驗，而不會希望你的另一半累積社交經驗一樣。
事實上，要我帶著阿張累積社交經驗，好聽一點即是要我每天
搞兩三場speed dating，讓大家互相觀摩聞嗅，難聽一點即是每
天都要我做皮條客！尤其以阿張這頭已經成熟的動物來說，找
尋一戶好人家來延續張家的血脈也是理想當然之事（當時牠仍
未被閹割），讓牠累積社交經驗說得白一點，即是讓牠尋找性
伴侶，而我對此也樂意奉陪，不是因為我樂得做牠們的皮條
客，而是對於動物來說，牠們基本的天性，就是食物和性交，

讓牠出外接觸一下其他狗女，未嘗不是一件樂事——對於牠來說。

由於阿張一直不懂得何謂社交禮儀，不似其他具生活經驗的狗那樣，看到同類先會試探，及後才決定下一步行動。每次見到同類的時候，阿張都會進入幾近失控的狀態，正確一點來說是目中無人，每次離遠看到同類的時候，牠已經開始扯繩，無視之前教過牠的所有指令，而且無論大小善惡男女好醜，牠都一律不會放過，所以當牠走近其他同類，牠不會先進行試探，而是喜歡的就立刻撲上去，不喜歡的就立刻打架，而且只會選擇與較小型的狗女一起玩，因為遇上大狗多數只會吵架收場。

記得有一次到訪狗公園，內裡已有差不多十隻狗在嬉戲，氣氛和睦，那時候阿張早已興奮莫名，我也有點心軟，便先給牠在鐵絲網外嗅嗅其他狗，打個招呼，沒有異樣後才開閘讓牠們玩個飽，誰不知原來阿張早已看上遠處其中一隻貴婦，來不及喝止牠時，其他狗好像覺得阿張侵犯了牠們的女神，立時被差不多九至十頭狗群起而攻之，血氣方剛的阿張亦不甘示弱，以一敵十，左撲右咬，眨眼間狗狗的聚會變成了小鬼打群架。為了避免要跟吳伊諾解釋阿張如何為女死為女亡的英勇事蹟，我立時走進了狗群，扯起阿張離開戰區，然後檢查牠的傷勢，這時阿張好像已經知道自己闖了禍，定了神坐在地上看著我，不斷發出哀號。我不知道牠是為了我的雙腿被其他狗爪至傷痕

累累而哀號，抑或為了沒有機會跟貴婦交往而哀號，不過看來都是後者。

　　阿張還要累積更多社交經驗，才能避免再次被圍毆。今次的經歷讓我上了一課，狗仔看到性感撩人的狗女，還要是一名貴婦，春心蕩漾也是正常；正如男人對喜歡的女人春心動都是一樣，只是人喜歡把愛慕的心掩飾起來，其實人與狗在這方面都是一樣，怎樣掩飾、顧忌、矜持，最終亦不過是想與對方「來一下」而已。

35 女人比男人勇敢

為什麼要為未經百分百肯定的所謂推測而要犧牲小張，
斷送男子漢阿張一世的幸福？

阿張要閹了！

無論獸醫抑或專家都認為，當狗仔到五至六個月大便可以考慮替牠進行閹割，目的是為了減低牠們長大後引發前列腺或睪丸等相關疾病的機會，事實也證明如此，而且被閹割後的狗，其壽命亦較其他未被閹割的狗長命，性情亦會變得溫馴，尤其是當兩雄相遇時，可減少發生衝突的機會。

我家的阿張，或許還是年紀小，亢奮的時間和次數頻密，而每次牠情緒指數飆升的時候，除了呼吸會變得急促，呈紅色錐型的小張便會出來跟大家見面，這個信號亦代表了阿張可能隨時失控，隨時會做出一些異於常狗的行為。記得有一次，吳伊諾憶述跟阿張玩的時候，牠突然一撲而上，先用後腳撐起全身，前腳則踏在吳的胸前，繼而就是不斷的抽動，吳見狀，無名火起，立刻擺脫牠的糾纏，再大聲喝止，這時阿張知道事敗，唯有垂頭喪氣，返回一角自舐，亦因為這次阿張的饑不擇食，換來了吳要替牠閹割的決心。

當她告訴我這個消息，我不其然覺得阿張真的很愚蠢，牠為什麼千揀萬選不選別的，偏偏要挑一個會賜牠一死的太后來

褻瀆？但我同時也替牠感到難過，現在每天看著牠快活地食玩跑跳碰，卻不知道自己的小張大限將至。

當然，女主人仍然是很愛惜阿張，不忍牠受苦，但事實不容許她妥協，阿張最近的表現的確顯露出較以往強的攻擊性和佔有慾，而吳亦明白，如果過了歲半還不替牠閹割，牠承受的痛苦和風險會更大，於是她預約了獸醫，亦把此事告訴了我。

當自己正在思考著這個看似本末倒置、斬中指避沙蟲的養狗方法，便很容易跌進了迷思，然後會反問：世上有沒有一份醫學報告證明，小張一定會是將來引發前列腺和睪丸病的源頭？沒有了小張便一定會更長壽嗎？如果答案是否定，那為什麼要為未經百分百肯定的所謂推測而要犧牲小張，斷送男子漢阿張一世的幸福？男人們，為了減少日後患上前列腺和睪丸等疾病的機會，你會自宮嗎？沒有了小兄弟，給你活多一百年，你願意嗎？

顯然，我不應該又把阿張當成人一樣看待。

有云男人的第一性徵是陰莖，女人的是胸部，性徵就像兩性的身分標籤，欠缺的就不是該性別的全部。男人和女人同樣有機會因為性徵而引發相關的癌病，但我未聽聞過男人會因此主動切除陰莖，卻時有聽聞女人因之會主動要求切除乳房，所以我很佩服安潔莉娜・裘莉，她可以放棄女人的最強武器，完全展現了女人的勇氣和自信。

有時也會替世上的雄性可悲，因為他們很多時候都會比女

人更膽小，而所謂的自信亦只是表現在陰莖的長短，空有那話
兒，實在可悲。

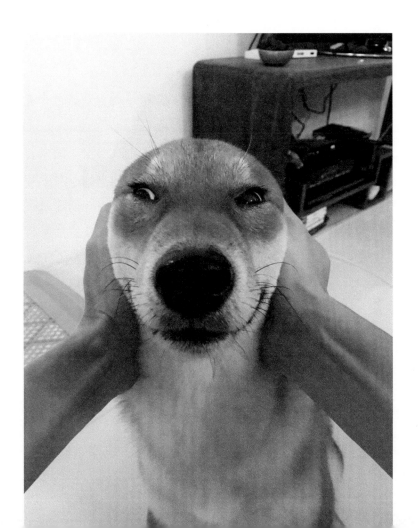

36 陌生但親切

〜〜〜〜〜〜

有時看見巴士到站時仍不見他們的蹤影，
會想想他們是遲了起床還是生病了？感覺既陌生又親切。

在每個工作天的早上，沒有養狗的日子，我都會送另一半
上班（除了早上有工作、生病、落雨、很累、很凍、很熱……
的時候），而當柴犬寄居寒舍時，便會帶著牠一起送另一半往
巴士站等車，定時定候到指定的巴士站等車，自然定時定候看
到面熟的乘客，亦見證了物是人非的日子。

雖然九月新學年對我來說早已沾不上關係，但又不斷在提
醒著每一個人這個大日子的來臨，這不只是說那些比子女更緊
張的家長們，就算無兒無女甚或上了年紀如筆者，生活亦總會
因為新學年的到來而有點改變：早上乘搭電梯時比平日擠擁，
午時看著自己的飯餐與對面檔的學生餐菜式一樣卻要給成人
價，以及黃昏時在車廂中多了一些拉單槓的學生，不過最大的
轉變始終是每天在巴士站候車的小伙子。

其中一位初小男孩，我每次看到他的時候都感到十分難
過，因為他好像沒了雙腿，每次看見他與父母一起從街頭前來
巴士站的時候，爸爸都是一面提著公事包，一面抱著兒子，而
媽媽則吃力地一手拿著他的書包、水壺等，一手提著沉重的菜
籃，即使上了巴士，爸爸亦是緊抱著他不放。我一直替這位小

朋友感到傷心，希望他日後努力面對人生。直至一天，我在街上碰見他，發現他的雙腳原好無缺，而且健步如飛，其工人姐姐越喊他，他還可以回馬槍罵她幾句後越跑越遠……

另外一位相信已經是小六的男童，每次看到他的恤衫校服都總有一部分沒放進褲子裡，但為人卻十分有禮。記得有一次巴士到站，我跟他平排前行，去到車門前他突然收步，讓我這位老人家先行，雖然我亦同時做了手勢先讓他上車，但他一直堅持著，擾攘了差不多四、五秒，為免被後上的乘客白眼，最後我還是說了聲謝謝後如他所願，先行上車……

每天等巴士的學生又怎會只得這兩個小不點？還有一個不流淚不上車的大喊包妹妹、頸項背脊處總是涉著一塊鬆弛熊毛巾的男孩，以及每次看到我跟她做鬼臉時都會躲進爸爸背後的鬈髮女孩……全都是每天相見卻不知姓甚名誰的同路人，看到他們有時拿上了有趣的七彩勞作，有時參加學校派對時穿上一身艾莎和哈利波特裝束，有時看見巴士到站時仍不見他們的蹤影，會想想他們是遲了起床還是生病了？感覺既陌生又親切。

直至上星期，他們好像突然全部消失，有一刻我還想是否去錯了車站，跟我們一起等車的都是新臉孔，換個神來，才驚醒原來另一個新學年又來了！

四年了，同一個車站，同一架巴士，卻物是人非，慶幸一直沒改變的，是牽著左手的妳，和蹲在右邊的你。

37 編織過的愛

除了老媽，世上還有哪個女人肯替你補縫衣服，
還會替你補縫底褲？

　　阿張與其他幼犬一樣，喜歡咬抓，聽聞在吳伊諾的家中，殲滅了兩對過萬元的長靴和高跟鞋，其廚房的牆身更形同壁畫一樣，畫家當然也是阿張。不過當牠來到我家寄居的時候，卻沒有造成大幅度的破壞，大概是因為身為僕人的我除了睡覺，其餘時間都會隨時侍候，遇上牠企圖咬抓物件的時候，便會立即反僕為主，大聲喝罵。相信牠也習慣了住在東宮時要守的規矩，至今也不敢亂咬亂抓……除了牠曾經最喜歡的「小人」。

　　其實阿張已有很多玩具，不知道身為男人為何這樣喜歡毛公仔，總之就是喜歡。記得當牠第一次看到這件新的小人玩具的時候，幾近失控，情形就好像那些喜新厭舊的小孩，終日就只顧埋首於玩弄新寵兒而視舊玩具於不顧。

　　雖名為小人玩具，但它來頭不少。它是從德國一間專賣狗隻用品的網上商店中購買，全身橙色，長度略短於前臂，造型與一個小人沒分別，身體裡裝滿了棉花，表層是具硬度的纖維，所有製作成分不含毒素，而且除了適合狗隻咬噬，最重要是該公司聲稱產品絕不會被咬爛撕裂。

　　然而，不消兩日，這位小人的左手已被阿張咬至露毛！

　　眼見這個小人玩具的左手幾乎被咬斷而露出了不少棉花，擔心阿張饑不擇食到連棉花也不放過，我的另一半突然轉身，在衣櫃裡拿出針線，在小人被五馬分屍前及時把它拯救出來，然後慢慢坐在沙發上一針一線地替它縫補著。當下，除了阿張，我亦在同時間看著她，一位全心全意地操著針線的女人，的確有著不一樣的美。在欣賞之餘，目光轉移到阿張身上，牠和我的視線方向一樣，但牠盯著的，除了牠最愛的小人，還有這位慈母型姑娘。牠站了不到一分鐘，然後躺在地上，眼睛卻依然盯著那小人玩具，那時候不知道為什麼，我竟然妒忌起來。

　　自阿張以寄居形式入住我家，每到周六日或假期，另一半和我都會為阿張忙過不停，大概是因為我們早前沒有太多養狗經驗，而且還是別人的狗，總會緊張一點，責任感更大一點，除了基本飲食，每天都會定時三次帶牠逛街，而且經常注視著牠，陪牠玩，教牠一兩個新指令等。就這樣，這一兩年的拍拖生活總是離不開這位第三者，她的焦點亦不經不覺由我轉移在阿張的身上。

　　其實這一切，我都一直察覺不到，直至她給阿張縫補牠最愛的小人玩具的時候，我才回憶起，兩年前她也替我縫補衣服，而且還是四條穿了六年的底褲，就是因為我說過一句：「好難再買到這麼好穿的內褲了。」她就是見我不捨得丟棄而替我補了那些穿窿底褲，當刻我的確十分感動。

　　不是嗎？除了老媽，世上還有哪個女人肯替你補縫衣服，
還會替你補縫底褲？

　　現在看著她為阿張補縫玩具，我妒忌也很正常的吧？

　　男人妒忌起來有時可以恐怖過女人。

38 好歸宿

自身的條件隨著年齡增長變得越來越好，
而擇偶條件亦相對以往變得越來越簡單，
擇偶成功率理應越來越高，但事實卻不然。

人可以無條件照顧狗，卻不能無條件照顧人。

阿張雖然是我平生第一隻飼養的寵物，但最初我答應以
「客串」身分照顧牠的時候，沒有任何條件，亦沒有考慮太多，
只是擔心沒有養狗的經驗可否擔此重任，不過既然牠的主人如
此信任，我亦沒有理由推卻，就這樣，阿張有了第二個歸宿。

除了警犬，相信大多數狗主人都不會因為狗的功用而養
狗，即是說大多數人不會因為要保障家居安全而需要養狗看門
口，更不會因為要狩獵、趕羊、拉雪車或是要找黑松露而養
狗。養狗的普遍原因只是希望「找個伴」，只要機緣到，人便
可以無條件付出，即使這頭狗只懂得吃喝玩樂，交配睡覺，人
仍然願意為牠提供庇蔭，包牠豐衣足食，一世無憂。但若果這
頭狗換了是個人，同樣能滿足「找個伴」的條件，而且他不只
懂得吃喝玩樂，交配睡覺，還擁有比狗更多優厚的條件，你會
選擇人做你的好歸宿嗎？

每人在感情路上都會在擇偶方面有不同的要求，在不同年
齡中的不同階段，要求會不斷更新，但無論要求是什麼，到了

定性的時候，終極的擇偶條件往往只得一個，就是希望「找個伴」，找一位好歸宿與自己終老。自身的條件隨著年齡增長變得越來越好，而擇偶條件亦相對以往變得越來越簡單，擇偶成功率理應越來越高，但事實卻不然。

在僅有的朋友圈中有兩位認識了逾廿年的舊同學，在年度聚餐中聽著她們訴說未來的大計，以及如何面對現時的擔憂和困境，但沒有一樣是關於找個好歸宿。一個希望繼續在來年遊歷未知的國度，繼續做一位朝不保夕的幼稚園教師；另一個繼續玩房換房遊戲，繼續在不喜歡的崗位上賺最多的錢。我坐在她們中間，聽罷，嬉笑而認真地問道：「為什麼妳們不考慮找個金龜婿？」下一秒的答覆，就是她們一起向東西兩面拐頭，同時再給我一個單字！

我這個問題看來的確膚淺，但重點不在「金龜婿」，而是找一個陪伴自己的好歸宿。未知她們未能領略我當中語重心長的意思，抑或早已對男人死了心，才會同時做出了這個不屑的反應。

她倆樣貌不差，身材不差，學識不差，最重要是性格也不差，單看她們可以忍受身邊這個我二十多年，就算不認識她們，也可以想像她們是絕色佳人，但為何至今仍孤身一個？如果不作任何改變，我甚至覺得她們有孤獨終老的結果……請不要怪我口賤，因為過往我說過的預言都未曾應驗過，至今仍未中過六合彩便可證明，但願我的預言繼續失靈。

老套也要說，要找一個適合自己的歸宿，除了自身條件，也要講緣分和努力。

緣分令我遇上了阿張，雖然我稱不上懂得照顧別人，但可以盡力對牠作無條件的付出，希望牠也會覺得，自己有緣遇上了我這個好歸宿，伴牠終老。

39 食古不化

世上沒有兩種東西是完全相同的，
每一隻狗的喜好和需要都不一樣，
正如每一個伴侶的性格和需求都不一樣。

　　養狗沒有一套方程式，在其他狗身上應用得到的，在家中的柴犬身上未必奏效；戀愛亦沒有一套方程式，在其他舊愛身上應用得到的，在身邊人的身上亦未必奏效。

　　朋友看到我遛狗的時候，總是喝令牠要做這樣不要做那樣，但他覺得狗好應該擁有自由、做喜歡做的事云云。很明顯這位朋友視狗如人，把普世價值甚至在現實社會中爭取自由的信念也放在狗的身上，所以希望狗也可以得到自由。我沒怪他，因為他沒有養過狗，不曾親身經歷過，不會了解這絕對是一個錯誤的觀念。

　　讓狗得到完全的自由就等如給牠一場無止境的災難。狗與其他動物的其中一個分別，就是牠們除了同樣渴求食物和交配，狗還需要一份工作，這份工作就是要讓牠學會聽從命令、記憶、專注和執行，令牠們有所寄託，在心理發展上取得平衡。閒著讓牠過著放縱的生活，表面上來得無拘無束，實際上是令牠失去目標及空間發揮所長，尤其是工作犬，與生俱來的遺傳基因被壓抑，從而在其他途徑發洩的例子比比皆是，亂

吠、自殘、吃糞、挑釁其他同類等，這對狗或是狗主都不會是一件好事。

雖然我養狗只是一份「兼職」，但看過養狗專家的經驗分享，自己也不敢怠慢，每次這位兩歲的小伙子在寒舍留宿時，我都會測試牠有沒有忘記早前給牠的命令，重複訓練和獎勵，並生怕牠的精力沒得到足夠的機會發洩，每天我都會遛狗三趟，但問題亦因此出現：第一次當牠聽到我拿起鎖匙的聲音，無論正在睡覺與否，牠都會箭步跟我走在大門口前，然後伸出長舌，展示興奮的心情，頭搖又尾擺的看著我；第二次牠同樣也會看著我，裝作很期待一會兒可以放下幾兩的心情，但到第三次拿起鎖匙的時候，牠竟然扒在地上，連頭也懶得提起來向上睥了一睥，再去合上眼睡牠的覺，有時還跟著呼出一口大氣，好像八十歲的老伯一樣跟我說：「你又要上街？不如早點睡吧！」

不是每頭狗也無時無刻地渴望主人帶牠遛街去發洩精力的嗎？不是每頭狗都喜歡工作，或是期望到狗公園聯誼的嗎？為什麼家中這一頭可以慵懶到這個地步？正當看著已經瞇上眼的可惡傢伙無可奈何之際，發現就在牠的旁邊，在沙發上半坐半臥的另一半在玩著手機吃著薯片看電視，那副樣子比沙發下那頭懶情的柴犬更懶情，我才開始「甦醒」。

眼前平日只管睡覺、要牠跑兩圈也心不甘情不願的阿張，與其他狗的需求有點不同，牠渴望遛街，但只愛遛一會，累了

總會哀求我掉頭回家；正如眼前的身邊人，她與之前的伴侶不同，她渴望被愛，但就是不愛逛街，假日只愛待在家中。

　　以往的伴侶總是希望我可以陪她們遊這逛那，便以為其他女人都是一樣，但是世上沒有兩種東西是完全相同的，每一隻狗的喜好和需要都不一樣，正如每一個伴侶的性格和需求都不一樣，正正就是因為這些不一樣，你才會喜歡眼前的那個她，但我卻一直忽略了這個簡單得近乎白癡的道理。

　　原來我一直未進化。

40 愛不能貪

毋須博取每一個人的愛，只要博取你愛的人愛你便足夠。

你在辦公室裡受歡迎嗎？有些人的確可以面面俱到，或者形象討好，或者有獨特的親和力，毋須刻意去做什麼，甚至什麼也不去做，大家都會喜歡他／她，但世界上會有多少個疑似周潤發？

現實是能夠受到大部分同事的愛戴已是很了不起的一件事，除了工作上可以更加順利，自己的工作心態也會因為與同事相處融洽而變得充滿正能量，但如果周潤發是萬中無一，那麼受所有同事歡迎的人最多只會是千中無一，如此推斷，其餘九百九十九個人在別人眼中，就絕不是善男信女，他們互相妒忌、猜度，甚至仇視對方，原因可以是無理、誤會和客觀等千百萬種：「那個Elle仗著有老闆撐腰便不可一世似的！」、「每次都在下班前一刻才給我工作，過份！」、「每次看到Nelson的電腦螢幕不是Facebook就是YouTube，這傢伙真不像話！」

如何能夠成為那位受歡迎的同事？對不起，自問沒有這個能力，相信世上也沒有一個人有能力可以替你改變你同事對自己的看法，更遑論改變你自己？或者你會相信算命風水占卜，

藉此催旺擋煞，但這僅是心態上過得好一點，實際上你不能改變現實，你不能改變同事間根深柢固的主觀看法和公司文化，即使你有勇氣說出來，或者刻意去做一些討好的事情，嘗試為自己爭取別人對自己應有的看法和態度也是十分困難的，問題不是是否能夠成功改變別人對自己的看法，而是應該問問自己，是否有這個需要？

枕邊人訴說著在公司的不悅經歷，認為部分同事對自己存在偏見，甚至不喜歡自己，因此覺得鬱鬱不歡，我用了當晚僅餘的精力跟她說：「妳不能夠要求公司每一位同事都喜歡妳，這太貪心了，也沒有這個需要，因為只要妳喜歡的人喜歡妳就已經足夠，例如我。」

甜到核爆等級！

我沒刻意說這番甜話，因為這只是常理。你不能做周潤發，因為發哥只得一個，你更加不能希望世上每一個人都喜歡自己，因為根本沒必要，這是狗也會明白的道理。

正如阿張，橫看豎看也是一隻蠢狗，但牠卻懂得如何分配牠的愛。世上不是人人都喜歡狗，更不是每一個鄰居也喜歡阿張，每次看著隔鄰的工人姐姐看見牠的時候都會嚇到掉頭走，證明阿張也有不喜歡牠的人，所以，即使博愛型的阿張，牠也會懂得分配愛，或者你可以說牠功利，只討好對牠好的人，其他的一於少理，但這才是做狗甚至做人的正道，只要喜歡的人喜歡自己，不就足夠了嗎？耶穌也有不愛牠的人，如果你希望

人人也喜歡自己，那即是説你希望勁過耶穌？這不是自尋煩惱
是什麼？

　　毋須博取每一個人的愛，只要博取你愛的人愛你便足夠。

41 公然偷吃

自問聰明絕頂，哄騙、隱瞞和演技了得的男人
亦不應該嘗試挑戰另一半的底線，因為一旦事敗……

問十個男人，如果伴侶偷吃，你會否原諒她？答案是十個
不會；問十個女人，如果伴侶偷吃，你會否原諒他？答案是九
個不會，一個會。

最少希拉莉會。

我當然不認識希拉莉，也不知道她是因為最愛的人而甘願
包容一切，抑或由始至終只是考量著自己的政治前途而選擇公
開原諒丈夫的那根雪茄。女人容忍男人偷吃，是否就代表了女
人在偷吃這議題上比男人的器量更大？現實中有不少例子，證
明無論男人在外邊搭上一位葫蘆索女抑或是一位比自己條件差
的人，只要事後男人在伴侶面前連番認錯、承諾這答應那，仍
然會有少部分女人突然胸襟廣闊，容忍伴侶所做的一切，換來
的甚至是比以往更和諧的甜蜜生活……最少表面上確實如是。

愚蠢的男人當然不應該偷吃，因為他們的造假功夫往往連
三歲智商的也騙不過來，偷吃遊戲很快便會不攻自破；但自問
聰明絕頂，哄騙、隱瞞和演技了得的男人亦不應該嘗試挑戰另
一半的底線，因為一旦事敗，而男人又選擇回頭是岸的話，那
將會是他親自揭開屬於自己的悲劇帷幕的開始。

以往可能毋須著意買小禮物逗另一半開心，現在可能每個月、每星期都要想著怎樣預備小驚喜逗她；以往毋須On Call二十四小時，現在連如廁時也生怕錯過她的電話而引致誤會，而這齣悲劇的高潮位就是，當女人對男人產生任何不滿，管它是有理抑或歪理，她都可以隨時挾著那根偷吃雪茄，理直氣壯的重提以往男人如何不是、不忠和不知所謂，只要女人捏著這根把柄，男人除了反面便沒有任何取勝機會，更悲哀的是這個另類高潮位日後會不停且隨時上演，讓男人下半生也只可以活在這種另類高潮迭起的兩性關係上。

當然，世事無絕對，女人有時也不介意男人偷吃甚至明食，就是當你是一隻狗。

每個週末，當我和另一半帶著這頭仍未閹割的柴犬到狗公園時，牠總是特別興奮，無論是身材堅挺的黃金獵犬、極具個性的迷你臘腸抑或嬌小可愛的貴婦狗，只要看得上的，牠都會饑不擇食，左擒右撲，咀完玩完又跟另一隻搭上，短短的三十分鐘，不計牠匿在我們看不見的暗角位跟誰搭訕，眼見牠已經與最少四隻不同樣貌和性格的女友東奔西跑，左擁右抱。至於坐在身邊的另一半，對這頭雄性動物的偷吃和明食的行為只是不停地開懷大笑，還封牠是什麼「親善大使」之類。

我沒有笑，更不認同什麼親善大使，雙手托著頭，看著每星期都可以來這裡公然明食和偷吃的柴犬，只有羨慕的份兒。

42 萬里長城長又長

最初以為戀人才有蜜月期，原來朋友也有蜜月期。

與人相處，經常會發生什麼問題？

不論男女，平日如何豪邁或溫柔，與情侶、夫妻、家人、朋友甚至同事或陌生人相處時，經常會發生的問題，就是發脾氣。

發脾氣無分性別，亦不是情侶專利，每天斬斬斬的「豬肉榮」和「叉燒強」，與經過反光鏡必會撥弄頭髮的時尚少女一樣會發脾氣，只是發洩的方式不一樣，前者可能一路斬斬斬一路頂頂頂，後者可能一路照照照一路扭腰擺臀說不要。至於發脾氣的原因更加多如天上繁星，不過仍可歸類為兩種：有原因和無原因，前者發得有因，還可以循因由去理解，令人最難受的莫過於後者，無緣無故，對方的臉口一路向西，百思不得其解下唯有硬食，一句「人皆有脾氣」來安慰自己，原諒別人。

我不認識狗會不會跟人一樣有脾氣，自然也不知道狗發脾氣時會有什麼反應。狗不會說話，自然也不會講粗口；狗被證實了沒有可自控的臉部肌肉，自然也不會用表情表達心情，所以狗的臉口亦不會一路向西的對著你，既然如此，那麼該說狗是傻蠢，抑或其實狗的EQ高到永遠不會發脾氣，能夠包容天

下事？

　　最近跟一位長輩閒談，談到與人相處要講緣分云云，本來近乎進入休眠的狀態，被她的一句：「做朋友同做情人都要講緣分。」醒了醒神。一直以來，總是認為友情比愛情容易拿捏，大概是因為與朋友相處時，大多是在吃喝玩樂，雖然有時還會互相幫助，失戀、失意時互相扶持，但只屬非經常性，彼此不用承諾太多，也毋須承擔太多。但做得情人，要求自然更高，因為情人已被假設為有可能成為日後的家人，而要跟另一個完全不一樣的個體朝夕夜對，還要了解和包容自己和對方，實在難過登天。相對來說，做朋友理應容易得多，所以亦理應合乎「萬里長城長又長」的道理，就是朋友的關係應該會「比它長」，但事實卻不然。

　　最初以為戀人才有蜜月期，原來朋友也有蜜月期。記得當初每次結識到使用同一頻道溝通而又志趣相投的朋友都會特別興奮，感覺像找對了戀人一樣，更會認定對方為終生的朋友。但最要好的朋友也有情緒起伏，尤其當雙方的蜜月期過了以後，便可能出現各種問題，有時甚至會在席間發脾氣，有的關係會因此告終，有的會原諒對方，關係得以勉強繼續。但即使彼此沒有問題和衝突，原來無聲無色，月復一月，年復一年，彼此不再聯絡，直至有一天在街上遇見，已經再沒有話題可留住對方，只是在分道前與普通朋友一樣開空頭支票：「改天再吃飯吧！」，那時候才發現，好朋友，已經變成了過去式。

　　阿張是我的好朋友，如果牠也覺得如是，相信我倆正處於蜜月期。現在牠伏在我的拖鞋上，聞著牠喜歡的臭腳味；我看著牠，也得到了一份心靈上的羈絆，雖然我不知道過了這段蜜月期，你會否依舊喜歡我的臭腳味，會否繼續包容我的脾氣，但最少這一刻，我會視你為終生朋友，即使將來分開了，我也不會忘記你⋯⋯希望你也不會忘記我。

43 壞女人與壞男人

每人都會有一幅獨有的磁場，
這幅磁場只會吸引到與它相處得來的人接近。

　　一天晚上，朋友在電話中哭訴：「為什麼我認識的男人都
是壞男人？」

　　答：咩人吸咩人²囉。

　　電話那頭寂靜良久，她掛了我線。

　　以上是我的舊女同學，因為一次失戀，徹夜難熬，於是致
電給我，希望得到我慰解時的一段節錄對話。

　　一直相信「咩人吸咩人」的相識之道，意思是每人都會
有一幅獨有的磁場，這幅磁場只會吸引到與它相處得來的人接
近，就如每一個人的朋友，他們的性格都有一種普遍性，尤其
是較熟悉的朋友，這種普遍性會更明顯，當然，不排除有這種
普遍性以外的人可以被你吸引過來，但這些「另類」對於你來
說，可能只是泛泛之交。

　　說回那段簡短的對話。這位舊女同學既然問得「為什麼我
認識的男人都是壞男人？」這一類問題，相信也不會期望有任
何人可以回敬之，「只是妳倒楣，世間上還有很多好男人」之

---

² 香港俚語，意同「什麼鍋配什麼蓋」。

類的說話我又講不出口，唯有回贈一些希望可以令她反省的具體答案，諸如「咩人吸咩人」，結果顯然而見，也從中反映了三件事：一、她找錯了傾訴對象，因為大家的磁場根本不對，根本談不攏嘴；二、這根本不是問題，而是答案，妳「認識的男人都是壞男人」就是答案，其實妳一早已經知道問題所在，問題所在不就是妳自己嗎？硬要問其他人回答自己喜歡的一套，很無聊；三、這一再證明為什麼我越來越少朋友。

請不要誤會「咩人吸咩人」就是映射她是一位壞女孩，相反，她一點也不壞，雖然未至於國色天香，但理應不愁選擇，然而在她的戀愛歷史中，不是被她揭發男朋友另覓新歡，就是男方主動提出分手。

如果說每個人都有獨特的磁場實在太過虛無，那具體一點可以說，每個人的外表、性格和觀念都是構成這幅磁場的元素，什麼品性的人會吸引特定品性的人去接近他／她，正如什麼品種的花會吸引什麼品種的昆蟲來採蜜一樣。當愛情路上一直都是以失敗告終，那是否需要考慮先改變一下自己？只要是一些細微的改變，被吸引的「品種」亦會隨之改變，雖然這不會保證被吸引的就是最合適的，但最小可以走出現時的困窘，否則下一次亦只會重複遇上同一品種的男人，結果亦只會重複犯錯。

一直都覺得做狗挺好，最少狗不會因戀愛而煩惱（我相信）。每次看見阿張遇上喜歡的狗女，嗅聞牠的屁股後覺得

找對了磁場，便有理無理，公然舔、錫、撲、抱、摸；相反，磁場不對的，就來一個單字「汪！」，轉頭就走，簡單直接，何需要改變自己迎合其他狗？直至有一天，阿張依然不斷在狗公園內與其他狗女舔、錫、撲、抱、摸，但牠兩星期前已經被閹了，想也做不來，如此悲情悲景，我也再沒有想做狗的念頭了。

44 好色狗都有擇偶底線

平日無女不歡的濫情阿張竟然會有這種擇偶個性！
這除了證實多情狗也會有牠的擇偶底線，
相信身為雄性的人類也會有他的擇偶底線。

有調查指出，女性主動向心儀男性表白的成功率達九十七・八五%。常言道女追男，不會難，但沒想過成功率如此之高，莫非世間之男真的猶如家中的柴犬一樣博愛？

其實一直對這些所謂調查都半信半疑，調查中的問題取態、抽查標準、訪問對象以至統計方法，相信都沒有經過專業處理。但如果懶理這個調查的專業性的話，請容許我癡心狂想出以下的一個齊人的悲劇故事：

假設我身處一間擁有一百位女同事的辦公室之中，她們全都被我的男性魅力所迷倒。有一天，這一百位女士同時含情脈脈地對我說：「朱維達，我……我喜歡你。」根據上述非專業調查的專業數據，我最多只能夠選擇拒絕其中三位的表白，其餘的九十七位我都會跟她們說：「我也喜歡妳，來，今晚上我家！」

爽吧？

但真的爽嗎？如果事情真的發展至這個地步，我不排除出家的可能性。

　　就算是一個喜歡花天酒地、到處留情的男人，相信他也有一條底線，就算夜夜流連蘭桂芳也未必可以得償所願，更何況比起這些男人的底線只是高一點點的我？尤其當我知道那九十七位女士當中，有的貌美如花卻只懂拜金的港女，有的每天都好像要辦月事的暴躁惡女，以及為求上位連濃妝也遮不住的奸險醜女，莫說是跟她們拍拖，就連眼尾望一下也嫌費神，更遑論日後要朝夕相對？所以除了以出家相逼，實在想不到如何令這九十七位女士對我死心。

　　自問對另一半的要求不是很高，但對於上述來自現實社會、確實存在於你和我身邊的同事、朋友來說，實在超越了本人的擇偶底線，正當我深信這同樣會是普遍男人的擇偶底線之時，開頭的調查徹底地推翻甚至完全扭轉了自以為是的看法。假設該調查反映出事實，證明了絕大部分男人都會接受女人的追求，這引申出來的唯一解釋，就是這個調查同時證明了絕大部分男人的擇偶標準都是不論好醜，但求到手。

　　家中這頭多情型阿張，每次遇上狗女，只要牠們上前拋眉弄眼，阿張在大部分情形下都是來者不拒，嗅一嗅後二話不說就擒個痛快，雖然如此，牠唯獨對一隻的松鼠狗女沒多大好感。記得已經不只一次，牠們在狹路相逢，松鼠狗女搖著尾巴凝視著阿張，還以為阿張又會扮作親善大使主動上前搭訕，但牠竟然眼尾望一望那隻松鼠狗後，繼續以穩定的步伐往前行，拖著那頭松鼠狗的主人尷尬地笑了一笑之時，我還在驚訝著牠

的這一個舉動。

　　平日無女不歡的濫情阿張竟然會有這種擇偶個性！這除了證實多情狗也會有牠的擇偶底線，相信身為雄性的人類也會有他的擇偶底線，所以不是所有男人都是不論好醜，但求到手，請妳別再相信這一類調查了。

給十年後的
阿張的
一封信……

　　一直都很想做這個動作，但一直找不到對象，就是好像電視劇集的老橋段一樣，寫一封信給她，加一件對於她來說意義深厚的小東西，放在一個手掌大小的鐵盒裡，然後找一棵大樹底下，挖土埋之。

　　至於那封信的內容和那件小東西是什麼，反而是次要，因為我相信，無論她和我在十年後回看十年前的文字和信物，那種超脫時空的瞬間一定十分震撼，情形猶如你找回十年前寫過的一封情信，也會百般滋味。況且，現實點來說，兩人的關係得以維持十年，已經是萬幸，尤其對於我的戀愛經歷總是過不了頭七的人，相戀十年絕對是一項奇蹟，更何況十年後竟然可以找回那棵大樹，慶幸這棵大樹依舊，泥土下的小鐵盒不被發現或沖走，更重要的是找到一個跟你一樣無聊幼稚的她一起挖，整件事情得到完美結果，說是奇蹟不如說是神蹟。

　　現在，這個神蹟要顯靈了！雖然那個對象換了是一隻狗，但我也決定寫一封信給牠，連同一個被牠咬至破爛不堪的藍色小鯨魚毛公仔，放在一個不知從哪裡來的白鳳丸鐵盒中。日後，在每次的行山旅程中我都會帶著它，當看到一棵有緣的樹，附近的泥土可以挖得到、容得下鐵盒時，我便會把它埋在那裡。至於十年後我能否帶著阿張返回那棵樹下尋寶？我都是這樣說：沒人知道十天後會發生什麼事，何況是十年後？

　　要預測得到才去做，最後只會什麼都做不了。

　　以下是我寫給十年後的阿張的一封信……

＊　＊　＊

親愛的阿張：

你還沒死嗎？

抱歉十年後的第二句說話就是問你死了沒有，但請不要誤
會，這不是詛咒，因為如果你還健在，也已經十二歲了，對於
一隻柴犬來說絕對稱得上是長壽，亦證明了這十二年間，縱使
不能天天酒池肉林，但總算能夠令你過得溫飽，或者不能天天
在狗公園尋覓真愛，但總算能夠從吳伊諾和我的關心中得到些
少愛……但願你感受得到。

說真的，當你在十二年前的一天來到我家，一打開門便
飛撲向我大腿的那一刻，我確實有點受寵若驚，那是我第一次
得到一隻陌生狗如此盛情的招呼。那時還是小Baby的你毫不客
氣地衝入大廳，左探右聞，當發現了我一早預備好的玩具時更
為之瘋狂，咬著它走到我的身邊，用那充滿期待的眼神（後來
發覺你對任何人都是這樣子）希望我跟你玩，第一次在這裡寄
宿，完全沒有早前我擔心的適應問題，就如你的主子說：「牠
前一世是否來過這裡？」

我喜歡狗，真的很喜歡，但一直不敢養，就是因為怕養不
好。我完全沒有養狗經驗，即使有心理準備，一齊硬體準備妥
當，看過書、牢記著狗隻訓練員的一招半式，但我覺得這根本

不足夠，畢竟你是一條生命，也跟其他狗不一樣，一些想像不到的事情都會令我束手無策，慌寸大亂。記得你留在我家的第二個晚上，突然嘔了一攤水連一些狗糧出來，嚇得我立刻打電話向吳伊諾問過究竟，但她好像見怪不怪，似在醉意中懶傭傭地跟我說：「不用緊張⋯⋯牠之前也曾經吐過⋯⋯只是水土不服吧了，放心，就這樣吧，先掛了！」我半信半疑，一直坐在沙發上看著你睡覺，還擔心不帶你去診所的決定可能會鑄成大錯⋯⋯那天晚上我沒有睡過。

我已經不太記得你如一卷廁紙般長的惡行名單了，只記得第一天你學會了Come，第一天學會了在電梯內安靜地坐著不動，第一天學會在馬路旁的黃色凹凸地磚上停下來，第一天回家懂得停在門口前給我抹腳，第一天剛舔完別狗的屁股後再舔我的嘴，第一天聽到打雷而瑟縮在我的工作檯底，第一天你跟我一起睡在沙發上，第一天在我失意的時候你突然挨在我的腳邊⋯⋯

如果你還健在，現在已經差不多等如人類的六十多歲了。開心的是，你終於大過我，而且阿張這個稱呼已經跟你不相襯了，就改名為老張吧！還有，你現在應該仍然老如松柏，因為上山的路途應該頗遙遠，你可以捱到今日今時今刻，跟我來到這棵樹下，相信不是奇蹟就是神蹟。

不過，正如專家說，一般的柴犬最多只會活到十二至十五歲，所以，我們已不知不覺到了適「分」年齡了。

我喜歡狗，真的很喜歡，但一直不敢養，就是因為怕來到這一刻。

不要說狗終須一死的爛調子。縱使有心理準備，相信那一刻的到來，我仍然想像不到我應該如何面對。

……這一刻我只可以跟你說，但願你沒有經歷太多的痛苦，如果到最後，你真的要走的話，走吧！

請原諒我以往對你做過的懲罰，也請你原諒我可能沒那麼快隨你而去，但希望你在臨走的時候，依然可以保持著那招牌式的笑臉，因為這會讓我知道，你的一生都在快樂地度過。

祝你

長命廿歲！

吖吔而不稱職的僕人　上

2017年・冬

新鋭生活24　PE0134

新鋭文創
INDEPENDENT & UNIQUE

做人不如做狗
——柴犬阿張教我的44堂人生課

作　　　者	朱維達
責任編輯	徐佑驊
圖文排版	楊家齊
封面設計	楊廣榕

出版策劃	新鋭文創
發 行 人	宋政坤
法律顧問	毛國樑　律師
製作發行	秀威資訊科技股份有限公司
	114 台北市內湖區瑞光路76巷65號1樓
	電話：+886-2-2796-3638　傳真：+886-2-2796-1377
	服務信箱：service@showwe.com.tw
	http://www.showwe.com.tw
郵政劃撥	19563868　戶名：秀威資訊科技股份有限公司
展售門市	國家書店【松江門市】
	104 台北市中山區松江路209號1樓
	電話：+886-2-2518-0207　傳真：+886-2-2518-0778
網路訂購	秀威網路書店：http://store.showwe.tw
	國家網路書店：http://www.govbooks.com.tw

出版日期	2018年2月　BOD一版
定　　價	250元

Printed in Taiwan

國家圖書館出版品預行編目

做人不如做狗：柴犬阿張教我的44堂人生課 /
朱維達著. -- 一版. -- 臺北市：新銳文創,
2018.02
　　面；　　公分. -- (新銳生活；24)
BOD版
ISBN 978-986-95907-9-2(平裝)

1. 人生哲學　2. 通俗作品

191.9　　　　　　　　　　　107000633

讀者回函卡

感謝您購買本書,為提升服務品質,請填妥以下資料,將讀者回函卡直接寄回或傳真本公司,收到您的寶貴意見後,我們會收藏記錄及檢討,謝謝!
如您需要了解本公司最新出版書目、購書優惠或企劃活動,歡迎您上網查詢或下載相關資料:http:// www.showwe.com.tw

您購買的書名:_____

出生日期:_____年_____月_____日

學歷:□高中 (含) 以下　　□大專　　□研究所 (含) 以上

職業:□製造業　□金融業　□資訊業　□軍警　□傳播業　□自由業
　　　□服務業　□公務員　□教職　　□學生　□家管　　□其它_____

購書地點:□網路書店　□實體書店　□書展　□郵購　□贈閱　□其他

您從何得知本書的消息?

　□網路書店　□實體書店　□網路搜尋　□電子報　□書訊　□雜誌
　□傳播媒體　□親友推薦　□網站推薦　□部落格　□其他_____

您對本書的評價:(請填代號　1.非常滿意　2.滿意　3.尚可　4.再改進)

　封面設計____　版面編排____　內容____　文/譯筆____　價格____

讀完書後您覺得:

　□很有收穫　□有收穫　□收穫不多　□沒收穫

對我們的建議:_____

_____

_____

_____

11466
台北市內湖區瑞光路 76 巷 65 號 1 樓

秀威資訊科技股份有限公司　　　收

BOD 數位出版事業部

....

（請沿線對折寄回，謝謝！）

姓　　名：＿＿＿＿＿＿＿＿＿　年齡：＿＿＿＿　性別：□女　□男

郵遞區號：□□□□□

地　　址：＿＿＿＿＿＿＿＿＿＿＿＿＿＿＿＿＿＿＿＿＿＿＿

聯絡電話：(日)＿＿＿＿＿＿＿＿＿　(夜)＿＿＿＿＿＿＿＿＿

E-mail：＿＿＿＿＿＿＿＿＿＿＿＿＿＿＿＿＿＿＿＿＿＿＿